[改訂版]

採用側の
本音を知れば

就職面接は
9割成功する

キャリアコンサルタント 渡部 幸 Miyuki Watabe

JN039869

本書は、2018年11月に小社より刊行された『採用側の本音を知れば就職面接は
9割成功する』を増補・再編集した改訂版です。

はじめに

「面接って緊張するし、自分にはアピールできることなんて何もない」
「面接対策といっても、いったい何をどうしたらいいんだろう……」

　本書を手に取ったあなたは、こんな不安を抱いているかもしれませんね。

　しかし、心配はいりません。私はキャリアコンサルタントとして、これまでに６万人以上の就職活動をサポートしてきました。個人面談や大手就職ナビでのエントリーシートの添削・カウンセリング、合同説明会などで、あなたの「先輩」たちをたくさん見てきたわけです。先輩たちも、初めはあなたと同じように、知らないことや不安なことがたくさんありましたが、「正しい対策」を取った結果、みなさん内定を得て、自分の納得する仕事に就いていきました。

　では、その「正しい対策」とはどのようなものなのでしょうか。この本では、苦手とする人が多い「面接」に対象を絞って解説していきます。内定を得るには、タイトルにもあるように「採用側の本音」を理解し、その「本音」に対してあなた自身が「何ができるか」と「どういう思いでいるか」を伝えることが大切です。

　なぜかというと、面接官の質問は、実のところタテマエがとても多く、本当に聞きたいことを直接尋ねていない場合が少なくないからです。そこで本書では、「面接官がこういう質問をするときは、実はこんなことを聞きたがっている」という面接官の「本音」のほか、就活生がやりがちな失敗である「わかっていない回答」と「お手本回答」を掲載し、ポイントを説明しています。相手の「本音」を知って、そのニーズに合った答えを伝えられれば、内定はぐっと近づきます。

　この本を最初のページから順に全部読んでいく必要はありません。も

ちろん、順を追って読み進めるのが自然なのですが、自分の「知りたいこと」「困っていること」が書いてあるページをピンポイントに読んでも問題が解決するように書いたつもりです。自分に合う方法でこの本を使ってください。

　採用面接は「なぜ不採用なのか」を説明されることがないため、不採用になった側はとてもつらく、苦しいものです。まるで自分自身の人間性にダメ出しをされているような気持ちになってしまいますよね。

　しかし決して、あなた自身がダメだから不採用になるのではありません。面接のポイントをつかめていないだけなのです。この本を読んで面接のポイントをしっかりつかみ、対策をすることで、あなたも必ず内定を得ることができます。

　下の図は、私が就活サポートのセミナーやキャリアコンサルティングでいつも学生に伝えている「**奇跡を起こすサイクル**」です。シンプルで単純なものですが、就職活動がうまくいく人はみんな、このサイクルを実践しています。苦境に陥ったときにこそ、「奇跡を起こすサイクル」を思い出してください。

　この本を活用することで、あなたの就職活動がうまく進み、社会人として実りある第一歩を踏み出せるよう、心から願っています。

2023 年 7 月　渡部 幸

PART **2**

正しい答え方がわかる!
面接質問編

PART **3**
ライバルに差をつける！
直前対策編

カバー・本文デザイン／菊池祐
漫画・イラスト／とげとげ。
DTP／フォレスト
校正／文字工房燦光、鷗来堂

PART

1

まずは自分の強みを知る！
面接準備編

内定を得るためにはまず、自分の「できること」と仕事に対する「思い」を整理するところから始めましょう。それにより、面接でアピールすべき点がはっきりします。面接の段階ごとの審査観点の違いや、業界ごとに求められる力・人物像も解説します。

あなたは本当に「自分のこと」を理解しているか？

初めに「何が足りないのか」を知る

　採用面接を突破して内定を得るためには、まずあなた自身が **「何ができるか」** と **「どういう思いでいるか」** を理解しなければなりません。続いて「採用側の本音」を知り、その「本音」に合わせて、自分について面接で詳しく伝えられるようにするのが内定への近道です。

「面接官の本音」については、PART 2 で細かく解説します。PART 1 では、「何ができるか」「どういう思いでいるか」を面接官にしっかり伝えられるように、自分をよく知るためのポイントをつかんでいきましょう。

　あなたは、自分のことを本当によくわかっていますか？
　試しに、次の項目をチェックしてみてください。

▶ 自分がわかる質問 10

　① 学生時代にどんな活動をしてきたか、詳しく説明できる。　☐

　② 1つだけでなく、複数の活動について伝えられる。　☐

　③ 自分の強みや長所をよくわかっている。　☐

　④ その強みや長所をどう発揮してきたか、具体的に伝えられる。　☐

　⑤ 自分の弱みや短所をよくわかっている。　☐

　⑥ その弱みや短所をどう改善しようとしてきたか、説明できる。　☐

　⑦ 自分のモチベーションが上がる、やる気や興味の源を理解している。　☐

　⑧ 志望する仕事がはっきりとわかっている。　☐

　⑨ 志望する業界を明確に絞れている。　☐

　⑩ 自分が働く上で重視する価値観がわかっている。　☐

いかがでしょうか。

　ここまでの就活の中で、すでにエントリーシートや履歴書で自分自身を表現してきているかもしれません。上記10個のチェック項目に全部☑がつき、実際に口頭で説明できる人もいるでしょう。

　もしも10個のチェック項目すべてに☑がついたのならば、あなたは「自分のことを本当によくわかっている」ということ。18・19ページの「まずは『自分のタイプ』を知ろう！①」の項に挙げたチェックリストは読み飛ばしても構いません。22〜33ページのA〜Fの中で「自分の特徴だ」と思うタイプへのアドバイスや、PART 2の内容にどんどん進んでいってください。

　チェック項目のいくつかの部分に☑がつかなかった人は、「自分についてわかっていない部分」を、ここで把握できたのではないでしょうか。

　☑のつかない項目がある人のほうが多数派だろうと想定した上で、この10個のチェック項目をつくりました。**「全然チェックが入らなかった。自分に自信がないんだなあ」なんて悲観する必要はまったくありません。**人間、自分自身を客観的に知ることはなかなか難しいものです。

　自分のどの部分についてもっと掘り下げる必要があるのか、それを知ることができただけで一歩前進です。それでは次のページから、さらに自分のことを深く探っていきましょう。

まずは「自分のタイプ」を知ろう！①

自分の特性を知って、面接の回答に生かす

「自分のことがよくわからない」「わからない部分がある」と思った人は、次に挙げる 25 の質問に答えてみましょう。自分の興味や強みが理解できます。**「こうするべき」という理想ではなく、「いつもの自分」でチェックを入れましょう。**迷ったら「どちらかというと」で判断してください。

▶ 自分のタイプを知る YES ／ NO チェック

① 目標に向かってタスクを達成していくことが好き／得意だ。
　YES□　　NO□

② 負けず嫌いでほかの人に勝ちたいという気持ちが強い。
　YES□　　NO□

③ 物事の原因をじっくり考えることが好き／得意だ。
　YES□　　NO□

④ すぐ動くより、ほかの人がどうするかを見極めるほうだ。
　YES□　　NO□

⑤ 人に関わって何かをすることに関心がある。
　YES□　　NO□

⑥ 人に喜んでもらうことが好きだ。
　YES□　　NO□

⑦ 何かを企画したり、発想したりすることが好き／得意だ。
　YES□　　NO□

⑧ アイデアがどんどん湧いてくるほうだ。
　YES□　　NO□

⑨ コツコツ努力することが好き／得意だ。
　YES□　　NO□

⑩ １つのことを継続して行うことが好き／得意だ。
　　ＹＥＳ□　　ＮＯ□

⑪ 喜怒哀楽が激しく、感情がすぐ表に出るほうだ。
　　ＹＥＳ□　　ＮＯ□

⑫ 冷静で、感情があまり表に出ないほうだ。
　　ＹＥＳ□　　ＮＯ□

⑬ 物事を決められた通りに行うのが好き／得意だ。
　　ＹＥＳ□　　ＮＯ□

⑭ 自分の考えやアイデアを形にすることに関心がある。
　　ＹＥＳ□　　ＮＯ□

⑮ 問題の回避・改善方法を考えて工夫することが好き／得意だ。
　　ＹＥＳ□　　ＮＯ□

⑯ 自分がリーダーになって進んでいくのが好き／得意だ。
　　ＹＥＳ□　　ＮＯ□

⑰ 物事を１人でやり遂げるより、人と一緒にやることに関心がある。
　　ＹＥＳ□　　ＮＯ□

⑱ 物事を正確に間違いなく処理することが好き／得意だ。
　　ＹＥＳ□　　ＮＯ□

⑲ 人の役に立ちたい、人に何か伝えたいと思うほうだ。
　　ＹＥＳ□　　ＮＯ□

⑳ これが正しい、こうあるべき、という自分の考えがある。
　　ＹＥＳ□　　ＮＯ□

㉑ 目標に向かってチャレンジすることが好き／得意だ。
　　ＹＥＳ□　　ＮＯ□

㉒ データを集め分析し研究することが好き／得意だ。
　　ＹＥＳ□　　ＮＯ□

㉓ チームの一員として着実に物事を行うことが好き／得意だ。
　　ＹＥＳ□　　ＮＯ□

㉔ 楽しいことが好きで、どんどん外に出て行動する。
　　ＹＥＳ□　　ＮＯ□

㉕ 人のいいところに気づいて人を認めるほうだ。
　　ＹＥＳ□　　ＮＯ□

まずは「自分のタイプ」を知ろう！②

タイプを知れば「就活の進め方」が見える

「行動」を変えて、足りない部分を補う

18・19 ページのチェックリストはいかがでしたか。

まずは、**それぞれの質問で「YES」にチェックしたところから、自分の強みを発見し**、面接で伝える内容を探していきましょう。チェックリストの質問では「好き」「得意」「関心がある」という聞き方をしていますが、あなたの強みは「好き」なことや「得意」なこと、「関心がある」ことなどから探すことができます。

続いて、**自分の行動や考え方、物事の捉え方の傾向を、下のA〜Fの6タイプの中から探し出します。** 22 ページからは、タイプ別に「気をつけるべき」ポイントも紹介していますので、ぜひ参考にしてください。

なお、質問は 5 つのグループに分かれています。各グループ内で 3 個以上のチェックがついたものをまず確認しましょう。同点の場合は、両方の傾向を見るようにします。

①②⑯⑳㉑に多くチェックがついた人：**Ⓐ 勝ちたいタイプ**
物事の達成や目標に向かうこと、競争に勝つことに強い関心があります。

⑤⑥⑰⑲㉕に多くチェックがついた人：**Ⓑ 協力するのが好きなタイプ**
「何をするか」よりも、人と一緒に行うことに強い関心があります。

③④⑫⑮㉒に多くチェックがついた人：**Ⓒ じっくり考える研究タイプ**
物事を分析したり改善したりすることに強い関心があります。

⑦⑧⑪⑭㉔に多くチェックがついた人：**D** アイデア・発想が好きなタイプ

新しいことや、アイデアを考えることに強い関心があります。

⑨⑩⑬⑱㉓に多くチェックがついた人：**E** コツコツ作業が好きなタイプ

物事を継続して地道にコツコツと処理することに強い関心があります。

A〜**E**のどのグループにも、3つ以上のチェックがつかなかった人：**F** 就職にやる気が出ないタイプ

まだ志望業界・職種が見つからず、モヤモヤしているのかもしれません。

　このタイプは「よい・悪い」を表すものではありません。あくまでも、あなたの強みや、「自分が普段、何に興味関心を持っているのか」を発見するためのものです。これは、あなたがこれからいろいろな経験を積んでいったり、多くの学びをプラスしたりしていくと、次第に変化していきます。

　もしも「ここが不足しているのではないか」と感じる部分があったら、普段の行動を意識して変えてみるようにしてください。

　たとえば、「自分はAタイプの傾向が強く、サークル内でも、人の気持ちを考えて行動していないかもしれない」と思ったら、1人でどんどん達成しようとする気持ちを抑え、周りの人の気持ちを聞いてみたり、うまくできなくて苦労している人を手助けしてみたりと、「人のこと」を意識して行動してみるのです。ひたむきに続けていると、だんだんと変化を感じられるはずです。

　次のページからは、A〜F各タイプの特徴と、面接で気をつけるべきポイントについて解説していきます。

　さきほどのチェックで、複数のタイプにYESが3個以上ついた人は、当てはまるすべてのタイプの特徴を参考にしてください。

Ⓐ「勝ちたいタイプ」の人が気をつけるべきポイント

「柔軟性」をカバーする

Aタイプさんってこんな人

「一番になりたい」「人に勝ちたい」気持ちが強い

考えるよりどんどん行動する

目標を持ち、それを達成することにやる気を見いだす

自分の考えが正しいと思っており、あまり人の意見を受け入れない

人に任せたり協力したりするよりも自分でさっさと進めるほうがうまくいくと考える

責任感が強く人にもそれを要求する

物事の処理速度が速く、待つことにイライラする

物事の推進に関心があるため、人の気持ちを考えないことがある

意見ははっきり口に出す

集団を引っ張る役割を任されることが多い

Aタイプの人は、負けず嫌いでリーダーシップにあふれ、「目標を成し遂げる」「勝負に勝つ」といった達成指向性が強い傾向があります。組織内では中心的な役割を担当することがよくある半面、何が何でも自分の目標に向かっていこうとする傾向が強いので、周りの人を置いてきぼりにしがちです。周りの人は、Aタイプさんと同じようには考えていないかもしれないことを忘れてはいけません。

面接でのAタイプさんは、自分の信念や思いを、面接官にわかるように言葉にすることが苦手な傾向があります。あまりにも明確に言い切りすぎて、言葉足らずになってしまうことが多いのです。これでは面接官には伝わりません。面接官は初対面ですから、Aタイプさんの話を詳しく聞きたいと思っています。次の点を意識して話すと効果的です。

●結論・結果だけでなく、途中経過も詳しく話す

Aタイプさんは、目標達成への興味が強いため、つい「大会で優勝することができました」などと、結果だけを説明してしまいがちです。面接官は結果だけでなく、どのように努力してきたのか、プロセスも知りたいのです。何に苦労し、何を克服したのか。どのような努力が実を結んだのか。途中経過も具体的に話すようにしましょう。

●リーダーの役割を果たした経験は積極的に話す

Aタイプさんの長所の1つに、責任感が強く、リーダーとしてみんなをどんどん引っ張っていける点があります。その長所は、きっとどんな企業においても求められる力のはず。自分1人でやり遂げたことだけでなく、ぜひ、集団をまとめた経験についても詳しくアピールしましょう。

●異なる意見を受け入れた経験を話す

Aタイプさんと話した面接官は「力強くて目標達成指向がありそうだけど、柔軟性は弱めかな」と感じがちです。「ほかの人の意見を聞いて考えを修正した」「反対意見をよく聞き、説得した」などのエピソードがあれば、伝えるとよいでしょう。柔軟性の高さもアピールできます。

Ⓑ「協力するのが好きなタイプ」の人が気をつけるべきポイント

「問題解決」のために努力した経験を話す

Bタイプさんってこんな人

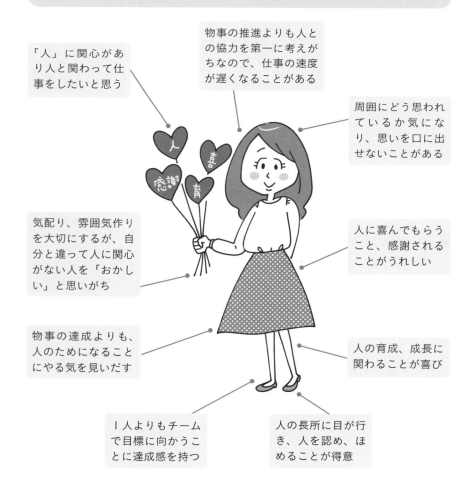

「人」に関心があり人と関わって仕事をしたいと思う

物事の推進よりも人との協力を第一に考えがちなので、仕事の速度が遅くなることがある

周囲にどう思われているか気になり、思いを口に出せないことがある

気配り、雰囲気作りを大切にするが、自分と違って人に関心がない人を「おかしい」と思いがち

人に喜んでもらうこと、感謝されることがうれしい

物事の達成よりも、人のためになることにやる気を見いだす

人の育成、成長に関わることが喜び

1人よりもチームで目標に向かうことに達成感を持つ

人の長所に目が行き、人を認め、ほめることが得意

Bタイプの人は「人と一緒に何かを行う」ことに大きな価値を見いだします。人を認めてほめることや、人を育成することに喜びを感じ、得意とする傾向があります。

人から信頼され、相談されることが多い半面、目的を果たすために人に厳しく接したり、物事を合理的に素早く処理したりすることが苦手な部分があります。そんなBタイプさんにイライラする人もいるでしょう。

コミュニケーションが好きなBタイプさんだけに、面接では話が長くなりがちです。次の点に気をつけて話すと効果的です。

●「気持ち」や「状況」の説明が長くなりすぎないようにする

Bタイプさんは、自分の気持ちやエピソードを長々と話してしまいがちです。これでは面接官は要点をつかめず、「論理的に話をまとめることができない人」という印象を持ってしまいます。まず結論から話し、その後で、具体例や理由を1分程度で伝えるようにしましょう。

●人を育成したり、チームをまとめたりした経験は積極的に話す

Bタイプさんのよい点に、「人の長所を認める姿勢」や「同じ目標に向かうようにチームをまとめる力」があります。これは、どんな企業にも求められる力です。人を育てた経験や、チームをまとめて目標を成し遂げた経験について、積極的にアピールしましょう。

●問題解決のために努力した経験をアピールする

Bタイプさんと話した面接官は「共感的で、人とのコミュニケーションが得意そうだけど、問題を解決したり、物事を推進したりする力は弱めかな」と感じがちです。「人」との話ばかりではなく、「問題」や「物事」に直面し、成し遂げたエピソードがあれば、積極的に伝えるようにしましょう。

©「じっくり考える研究タイプ」の人が気をつけるべきポイント

「チーム」で活動したエピソードを伝える

Cタイプさんってこんな人

問題や課題をじっくり考え、原因を分析しようとする

「人」よりも「物事」に関心がある

なぜそれを行う必要があるのか、理由を知りたがる

自問自答、自分との対話をよくする

すぐ行動するよりも、待って状況を見極めようとする

目標達成よりも、物事を作り上げることにやりがいを感じる

困難な状況でも粘り強く解決策を探し、問題を改善しようとする

人の気持ちや情よりも、合理性を重視して物事を判断する

冷静で客観的に物事を見ることが得意

Cタイプの人は物事を深く考えることが得意で、物事の原因を探り、リスクを回避したり、問題を改善したりすることにやりがいを見いだします。課題の背景にある要因を分析したり、情報を集めて関連を調査したりすることに興味があり、比較的、理系の人に多いタイプといえます。半面、どんなときも冷静で客観的に振る舞うことが多いため、感情が伝わりにくいと思われがちでもあります。

論理的に物事を伝えることが得意なCタイプさん。しかし面接では、順序立てて客観的に伝えるだけでは、面接官の心を動かすことはできません。面接官は、Cタイプさんの熱意や思い、そして人と関わった経験なども聞きたいと思っています。そのため、次の点に気をつけて話すと効果的です。

● 「思い」や「考え」を交えて話す

　Cタイプさんは、事実を冷静に説明する傾向が強いため、話が第三者的、評論家的になってしまうことがよくあります。ともすれば、「なんとしてもうちの会社に就職したいという熱意が伝わらないな」「意欲を持って学生生活を送ってこなかったのかな」と誤解される恐れもあります。「事実」に「自分の気持ち」をプラスして伝えるようにしましょう。

● 問題を分析して改善した経験を話す

　何か問題が起こったときに、原因を探って対策を取った経験があっても、慎重で完成度を重視するCタイプさんは「やり遂げたわけではない」「大したことではない」などと判断して、アピールを控えてしまいがちです。努力したことは具体的にどんどんアピールしましょう。

● チームでの活動の経験を話す

　Cタイプさんと話した面接官は「優秀そうだけどコミュニケーション力は弱めかな」と思う可能性があります。物事への取り組み方だけでなく、「人」との関わりについてのエピソードがあれば伝えましょう。

Ⓓ「アイデア・発想が好きなタイプ」の人が気をつけるべきポイント

「地道に取り組んだこと」を話す

Dタイプさんってこんな人

好奇心旺盛で、常に新しいものを求める気持ちが強い

音楽、絵、文章、ダンスなどを楽しんだり、作り出したりすることに喜びを感じる

何かを発想したり、アイデアを出したりするのが好き

喜怒哀楽の感情が豊かで、表情からもわかりやすい

計画的にコツコツ行うことに飽きてしまいがち

「人」よりも「自分自身のアイデア」に関心がある

どちらかというとマイペースで、人の気持ちにそれほど配慮しない

楽観的で前向き。ワクワク感が大切で、先のことをあまり考えない

モチベーションの上下が激しく、やる気が出ないと行動しない

Dタイプの人は好奇心が強く、チャレンジすることが大好き。自分で何かを企画したり、作り出したり、新しいことを発想したりして、それがほかの人に認められることに喜びを感じます。半面、地道な努力を重ねることや、指示されたプロセスに従って行動することにはあまり意識が向かず、自分のアイデアや企画が取り入れられる環境がないと、意欲を失ってしまいがちです。

　Dタイプさんはやりたい仕事でないとやる気が出ない傾向にあります。しかし会社では、入社後すぐに希望の職種に就けるとは限りません。どんな仕事にも修業の時期、習得する時期というものがあり、5年、10年という長い目で仕事について考えることも必要です。面接では、次の点に気をつけて面接官に話すと効果的です。

●志望動機を「自分のやりたい仕事」の話だけにしない

　Dタイプさんは、自分の興味があること、やりたいことに関心が集中するため、特定の仕事への熱意のみを語ってしまいがちです。すると面接官には「新人がすぐにその仕事に就けるとは限らないんだけどな。希望の職種に就けなかったらどうするのかな」と思われてしまいます。OB・OG訪問などを通して応募企業をよく調べ、長期的な視点でその職種に就くために必要なことを理解した上で面接に臨みましょう。

●豊かな発想力を伝えられる経験は積極的に話す

　Dタイプさんには、自分のアイデアや企画が採用されたり、面白かったと言ってもらえたりした経験があるのではないでしょうか。どんな企画でどのように努力したのか、具体的に紹介しましょう。

●地道に取り組んだこと、続けたことを話す

　Dタイプさんは新しいことにチャレンジするのが好きで、事例もそういった内容が多くなりがちです。面接官には「努力を継続することはできるのかな」と疑問を持たれてしまうかもしれません。継続的に行ったこと、地道に努力し続けたこともエピソードに入れるとよいでしょう。

Ⓔ「コツコツ作業が好きなタイプ」の人が気をつけるべきポイント

「周りに影響を与えた」エピソードを語る

Eタイプさんってこんな人

自分のペースで集中して地道に作業することが好き

「人」よりも「物事」に関心がある

決まったプロセスで計画通り物事を行いたい。イレギュラー対応が苦手

作業をきっちり迅速に処理することが得意で、完璧にやり遂げることにやりがいを感じる

意見を主張することはあまりない

Ⅰ人で少しずつコツコツ努力することは苦にならない

責任ある仕事より、指示されたことをキャパシティの範囲で行うほうが安心できる

人に積極的に話しかけるほうではないが、認められる、気にしてもらうのはうれしい

人とうまくやっていきたい、変化が少ない環境で安定して物事に取り組みたい気持ちが強い

学園祭

Ｅタイプの人は、１つのことにコツコツと取り組み続ける真面目な姿勢が長所です。試験勉強や資格の取得など、努力して地道に取り組むことにやりがいを見いだし、人とうまくやっていくことも上手な半面、自分の意見はこうだという主張や提案はあまりなく、周りの意見にただ従っているように感じさせることもあります。

面接では、「真面目に物事に取り組むだろうな」という印象を与えることが多いですが、一方では「将来、責任ある仕事に就かせるのは心配だな」と思われる恐れもあります。次の点に気をつけて面接官に話すと、そのマイナスイメージをカバーできます。

●改善や企画を提案した経験を話す

Ｅタイプさんは、エントリーシートや履歴書にも勉強や部活動などでコツコツと努力したことを多く記入しているのではないでしょうか。「コツコツ」の経験ばかりでなく、自分の意見を主張した経験もあると面接官にわかってもらえるよう、自分で問題を発見し改善した経験や、アイデアを提出した経験を具体的に伝えるとよいでしょう。

●粘り強く目標を達成したエピソードを話す

Ｅタイプさんには、長期間継続して粘り強く、１つのことに努力した経験があることでしょう。それは企業としても欲しいスキルのはずです。努力した「過程」を具体的に説明しましょう。大きく高い目標に向けてがんばり続けたような経験があれば、なおよしです。

●チーム内で認められた経験を話す

Ｅタイプさんには、目立たないけれどもコツコツ努力家、という人が多いと推測されますが、企業の中では、将来的には人の上に立って組織をまとめる役割も求められます。地道に努力し続ける姿勢を見せるうちに、だんだん周りが認めるようになった、その姿勢を見習って周りも真似するようになったなど、周りの人に影響を与えたエピソードがあれば、ぜひ伝えましょう。

⑤「就職にやる気が出ないタイプ」の人が気をつけるべきポイント

「好きだったこと」を思い出そう

　最後に、18・19ページのチェックリストでどのタイプにも3つ以上のYESがつかなかったFタイプさんの傾向や、面接に向けて取るべき行動のポイントを説明します。

A〜Eタイプのうち、YESが2つついたものがある場合

　YESが2つついたタイプがあれば、「どちらかというとこっちが得意・好きかな」という傾向があるはずです。2つ以上のYESがついたタイプのページを読み、自分の行動や考え方の特徴を探してみてください。

　Fタイプさんは、これが好き、得意とはっきり言い切る自信がないのかもしれません。しかしあくまでも、これは強み探しや面接での伝え方の参考にするためにやっているものですから、「自分としてはこっちのほうが好き」と思えるものを探せばOKです。まずは興味があるもの、好きなものを見つけ、そのタイプのポイントを参考にしましょう。

どのタイプもYESが1つ以下だった場合

　どのタイプもYESが1つ以下だった人は、次のリストで当てはまるものをチェックしてください。いくつチェックしても構いません。

❶ 今のところ、興味のある業界ややりたい仕事が見つからない。　☐

❷ 学生生活の中で、とくにやりたいことがない。　☐

❸ アルバイトやサークル活動、ボランティア、趣味などを
　 とくに何も行っていない。　☐

4 専攻分野や、その他の科目にも、興味があるものは何もない。 ☐

5 高校時代以前も、とくに好きだったものや
　打ち込んだものはない。 ☐

6 一緒に遊んだり協力し合ったりする親しい友だちがいない。 ☐

もしも**1 2 4**にチェックがつかないのであれば、それは**興味のある仕事ややりたいことがある**ということ。今からでも遅くありません。やりたいことに向かって本を読む、勉強をする、関連する活動を行うなど、とにかく行動してみましょう。そこから、あなたの考え方や得意なことを見つけていくことができるはずです。

3 6にチェックがつかない人は、**何かに取り組んでいたり、親しい友人がいたりする**人。アルバイトやサークル、その他の活動、友人との交流の中で、どんなやり方が得意・苦手なのか、どんなことが好き・嫌いなのか、整理してみましょう。物事への取り組み方の傾向が見えてくるはずです。友人や一緒に活動するメンバーに直接聞いてみてもよいですし、もう一度チェックリストに戻って探してみるのもよいでしょう。

5以外にすべてチェックがついた人は、**現在はとくに何もやっていないし、やりたいこともない**という人。まず、高校時代以前のことで自分の興味や行動の傾向を探してみてください。ただ、面接で高校時代以前の出来事しか伝えないと「今のことは何も話すことがないのか？」と思われてしまいます。今からでも何か新しく活動を始めることをお勧めします。高校時代まで好きだったことを再開する、アルバイトをする（短期で OK）、資格の勉強を始めるなど、できることはまだまだあります。

最後に、6つすべてにチェックがつかなかった人。小さい頃から好きだった、楽しかった、がんばっていたことは本当に1つもありませんか？　今は、やりたいことが見つからず、モチベーションが落ちている状態かもしれませんが、もう一度、思い出してみてください。**熱意を持って取り組んだ活動があったはず**。自分はどんな行動を取りがちで、どんなことに興味があるのか、チェックリストに戻って探してみましょう。

1次面接ではココを見られる
集団面接編

「この人と働きたい」と思わせる

　企業によって違いはありますが、一般的に新卒採用の面接には、1次面接、2次面接（プラス3次面接）、最終面接の3段階があります。また、1次面接はWEBでの実施が多くなっていますが、集団面接かグループディスカッション（GD）のいずれかの形式が主に用いられます。それぞれの段階で面接の目的や面接官がチェックする部分は変わります。段階ごとに確認していきましょう。

集団面接で見るのは「一緒に仕事をしたい人かどうか」

　1次面接で集団面接が行われる場合、面接官はまず、「エントリーシートに書いてあることと、実際に会った印象が大きく違わないか」を見ています。大企業の1次面接の多くがWEBで実施されるようになってきていますが、WEB面接であってもそれは同様です。たとえば、シートには「常に前向きで、人とコミュニケーションを取りながら物事を進めている」と書いてあるけれど、実際の話し方や、話の内容はそれと一致しているのか、といった点です。

「話の内容以外の部分」を意識する

　集団面接ですので、一人ひとりの話をじっくり聞く、というよりも、短い時間で全員に同じ質問をすることが多いでしょう。面接官はその答えの内容とともに、応募者の話しているときの表情や姿勢、態度、視線、あいさつ、話し声などの「話の内容以外の部分（非言語領域）」をよく観察しています。それは、自分が回答しているときだけでなく、ほかの応募者の話を聞いているときのものも含みます。非言語領域を使う

コミュニケーションも、人とよい関係を築くために重要な要素だからです。PART 3 の突破ポイントや練習方法をぜひ活用してください。

面接官のチェックポイント　ー1次面接編ー

集団面接

面接官のチェックポイント：
「エントリーシートの内容」と「会った印象」が
大きく違わないか

表情や姿勢、態度、視線、挨拶、話し声など「話の内容以外の部分（非言語領域）」が合否に大きく関係する。
自分が話しているときだけでなく、ほかの人の話を聞いているときの「話の内容以外の部分（非言語領域）」も同じようによく観察されていると意識し、気を抜かない。

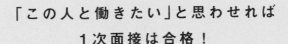

「この人と働きたい」と思わせれば
1次面接は合格！

1次面接ではココを見られる
グループディスカッション（GD）編

「この人とは仕事で協力できそう」と思わせる

GDで見るのは「普段の仕事ぶり」「関わり方」

1次面接でGDが行われる場合、面接官は学生が討論する様子を観察しています。面接だけでは見られない学生の活動ぶりや、集団に対する関わり方、対応の仕方に注目しています。討議の内容そのものだけでなく、控え室での振る舞いも含め、何気ない普段の行動も見ています。

GDの目的は、協力して限られた時間の中でよりよい答えを導き出すことです。WEB上でグループとなり、ディスカッションをする場合も多くありますが、対面でもWEBでも、ほかの応募者とあいさつをするところからみんなに積極的に関わってください。気持ちのよいあいさつで、いいディスカッションにする雰囲気作りをしましょう。

わかりやすく伝えること、役割を果たす努力も重要

GDでは30～60分程度の時間に1つのテーマを与えられ、解決策やよりよい答えを協力してまとめることを求められます。迅速にリーダー、書記、タイムキーパーなどの役割を決め、時間を効率的に使って進めましょう。

自ら役割を申し出るとよいですが、役割につかなかったとしても、発言の少ない人に問いかけする、討議内容がテーマからそれないようにする、自分から積極的に意見を言う、などの行動を心がけてください。

また、発言するときは結論から先に述べ、なぜそう考えたのか、理由をあとに話すわかりやすい伝え方を心がけましょう。その際も「話の内容以外の非言語の部分」を意識することが大切です。

グループディスカッション（GD）

面接官のチェックポイント：
面接ではチェックしきれない、
その学生の「普段の活動ぶり」

協力してよりよい答えを導き出そうとしているか、みんなで目的を達成しようと積極的に関わっているか、伝え方は論理的でわかりやすいかが問われる。

「この人とは仕事で協力できそう」と
思わせれば
１次面接は合格！

2次・3次面接ではココを見られる

「この人は戦力になる」と思わせる

2次面接は「スキル面」をじっくり見る

2次面接は、企業によってWEB、対面どちらも行われていますが、1人30分以上じっくりと話を聞きます。面接官は仕事に生かせそうなスキル面を中心に、**「学生時代にどんな思いを持って、どんなことに力を入れて活動してきたのか」「どんな強みがあるのか」「具体的な取り組み事例」**を詳しく説明してほしいと考えています。価値観や興味、考え方の軸、行動の仕方などを掘り下げる質問をたくさん受けるはずです。

2次面接でポイントを稼ぐのは、その会社の事業や仕事内容を研究し、求めているものをわかった上で、その会社に合った強みやスキルを伝えられる応募者です。答えにも突っ込んで質問されますので、マニュアル丸暗記ではなく、自分の言葉でしっかりと伝えることが重要です。

3次面接は「志望度」を見る

3次面接は、**「この会社への志望度が高いかどうか」**をより深く知るために行われる面接です（規模の小さな会社では行われない場合もあります）。ここで入社への本気度がわかれば、役員が面接する最終面接（多くは対面で行われる）に進むことになります。2次面接と同じ質問が出ることもありますが、これは面接する人や場面が違っても、自分の言葉や思いがブレずに一貫しているかどうかを見ています。

印象やコミュニケーション力を中心に見ている1次面接とは違い、2次面接、3次面接では、あなたの内面を深く知ろうとしています。「面接官の知りたいこと」を念頭に置いて答えを準備していくのと、どの企

業でも、何次面接でも、やみくもに答えるのとでは、結果がまったく違ってきます。PART 2の質問集を活用し、しっかり準備してください。

面接官のチェックポイント　ー2次・3次面接編ー

2次面接

面接官のチェックポイント：
スキル

学生時代にどんな思いを持って、どんなことに力を入れて活動してきたのか。どんな強みがあるのか。その強みを「自社の特性」と絡めてアピールしてほしいと考えている。

3次面接

面接官のチェックポイント：
志望度

本気で自社に入社したいと考えているか。役員に紹介して間違いのない学生か。自分の言葉や思いがブレずに一貫しているかが問われる。

「この人は戦力になる」と思わせれば
2次・3次面接は合格！

最終面接ではココを見られる

「この人は本気で入社したいんだ」と思わせる

最終面接の目的は2つに分かれる

　最終面接はほぼ対面で実施され、2次・3次面接と同様、1人30分から60分程度、じっくりと行われます。最終面接の目的は大きく2つに分かれます。「残った学生の中から半分をふるい落とすこと」または「応募者の意思の確定」です。

①目的が「2分の1採用」の場合

　面接官は「応募者の資質や能力は甲乙つけがたく、残った全員が優秀だ」と思っています。それでは何で差をつけるか。まず「志望度の高さ」です。内定を出したら本当に入社してくれるのか、「このような仕事がやりたい」と、現実的で具体的な将来像を考えてきているかが大きなポイントです。それでも比較が難しい場合には印象面も比べます。会社の顔として取引先やお客様の前に出しても恥ずかしくない人物かどうか、好感度は高いかどうかも関わってきます。

②目的が「応募者の意思の確定」の場合

　この場合もやはり「志望度の高さ」の確認です。これまでの面接を担当した社員の報告をもとに、能力や仕事への意欲は十分だと考えた役員が「本当にこの会社のことを真剣に考えてくれているか」「入社して働こうという意思はあるか」を見極めるための面接です。転勤や細かな働き方などについても確認し、それでも「入社したい」のなら採用だ、と面接官は考えています。

　あなたが受ける最終面接が①②のどちらなのかは、企業によって、またはその年の状況によって違い、一概にいえません。確実にいえるの

は、どちらにしても「内定を辞退されそう」「まだ就職活動を続けそう」と思われると最終面接は通らないということです。「今までと同じように答えればもう大丈夫」と思わずに、その企業の最新のニュースやプレスリリースを確認し、準備を怠らないようにしましょう。

面接官のチェックポイント　ー最終面接編ー

目的が「2分の1採用」の場合

面接官のチェックポイント：
志望度の高さ

内定を出したら本当に入社してくれるのか、現実的で具体的な将来像を深く考えてきているかが大きなポイントとなる。

目的が「応募者の意思の確定」の場合

面接官のチェックポイント：
志望度の高さ

本当にこの会社のことを真剣に考えてくれているか、入社して仕事をしていこうという意思はあるかが問われる。

↓

「この人は本気で入社したいんだ」
と思わせれば最終面接は合格！

動画提出面接ではココを見られる

初対面で「感じがよい」と思わせる

動画提出面接は1次面接にあたる

　動画提出面接とは、応募書類を提出する際に「自己PR」や「志望動機」などについて録画した動画の提出を求められるもので、お客様に短時間での対応が必要な航空業界などのサービス業で実施されることがあります。エントリーシートと面接の中間のような試験の内容ですが、実際に口頭で話すことが求められるので「面接」としてポイントをお伝えします。

　企業としては、書類の文字のみでその人を知るよりも、話している表情や姿勢、話の伝え方などを見ることができる動画で知りたいと考え、行うのです。

　エントリーシート提出の際に、自分で撮影した動画を企業の採用ページにアップロードする場合が多いのですが、中には企業が指定するURLからログインし、オンデマンドの動画でなされる質問に答えるというやり方をとる場合もあります。このケースはより面接に近い形なので、44〜47ページのWEB（オンライン）面接の項目を参考にしてください。

　企業にとっては、
・遠方の人が交通費をかけずに受験しやすくなる
・最近は書類よりも、動画で話すほうが実施しやすいと考える学生も多く、応募者数増加につながる
・動画が残るため、再生して複数の学生を比較し選考しやすい
といった利点もあり、今後も業界によっては実施されていくでしょう。

動画提出面接の注意点、ポイント

　録画して提出する形式の場合は、事前に与えられたテーマについて話すので、面接と違って自分で何度も納得がいくまで作成し直すことができます。撮影前にしっかりと準備し、以下のような点に注意して実施しましょう。可能であれば、友人や家族などほかの人に動画を見てもらい、表情や声の出し方などを確認してもらうとよいですね。

① 話の内容は、面接で質問されたときと同様、結論から具体的な事例を入れて順序立てて話すようにする。

② 「2分程度」など時間の指定がある場合は、その中に収まるように話す。

③ 話すときは、原稿は持たず、カメラに視線を向けて話す。準備した内容を覚えたように話さないようにする。

④ スマートフォンやタブレットなど撮影する機器は手で持たず、三脚などで固定する。

⑤ 光の入り具合で顔が暗く映っていないか確認し、表情が明るくはっきりと映る場所で撮影する。必要に応じてリングライトなどを使用する。

⑥ 「全身を映すように」などの指示がない限りは顔と上半身の胸あたりまでが映るようにカメラの位置を調節する。

⑦ 身だしなみを整え、スーツを着用し撮影する。

⑧ カメラの向こうに面接官がいるつもりで、笑顔で明るく、はっきりとした声で話す。

⑨ 録画するとき、ボタンを押してすぐ笑顔で話すようにする。最後は笑顔でお辞儀をしたあと2、3秒待ってからボタンを押して止める。

WEB（オンライン）面接では ココを見られる　準備編

きちんと備えることで本番でも本領発揮

WEB面接は機器の準備が必要

　WEBでの面接は、企業にとって面接会場を必要とせず、面接担当者が現地に行く時間やコストをかけなくてよい、といったメリットがあります。また、地方の学生が交通費をかけずに済むため、応募者数増加につながるなど利点も多く、今後も続いていくと考えられます。

　WEB上であっても、面接で聞かれる質問や採用側の面接の意図、視点などについてのポイントは対面と同じですが、大きな違いは通信機器を使って面接を行う点です。**面接の内容そのものだけでなく、当日ネットワーク通信が問題なくつながるか、相手に自分の画像や音声が良好に伝わるかどうかも重要です。**事前によく確認しておきましょう。

必要な機器や環境、準備

　最も大切なことは、通信が安定してつながる静かな環境です。可能であれば有線LANを使うとより通信が途切れにくいのでおすすめですが、Wi-Fiの場合は、事前に友人や家族などに協力してもらい、きちんと音声が聞こえるか確認するとよいでしょう。インターネットのブラウザを使用するよりも、アプリケーションからつなぐと比較的安定します。

　ZoomやGoogle Meet、Teamsなど企業によって使うソフトが違います。アプリケーションは無料でインストールできますので、メールで面接の連絡があった際に指定されたものをインストールしておき、カメラの映りやマイクでの音声をテストしておきましょう。

また、WEB面接はなるべくパソコンで行いましょう。画面共有を相手が行う場合もありますし、スマートフォンだと途中で充電がなくなったり、動画が止まってしまったりしがちです。

　カメラやマイクはノートPCであれば内蔵のもので問題ありません。相手の音声をクリアに集中して聞くためにイヤフォンかヘッドフォンを用意します。光の当たり具合によっては顔が暗く映ってしまう場合がありますので、必要に応じてディスプレイの後ろにライトを置くようにします。

　背景は無地の壁やカーテンなどシンプルなものが望ましいです。難しい場合はぼかしを使う程度にしましょう。

WEB（オンライン）面接では ココを見られる　当日編

「WEB上でもコミュニケーションできる人」と思わせる

面接当日の注意点

　通信がスムーズにつながらない場合もあるので、面接時間の5分前には指定のURLから入室を試みます。面接官が入室許可をすると面接の会場に入れますので、ビデオカメラをオンにし、ミュートを解除してあいさつをします。

　もし、面接官の声が聞こえない、動画が静止してしまっているなど問題がある場合は、一度退室しもう一度入室し直す必要があるかもしれません。うまく話ができないときは、チャットで伝えるなど工夫し、それも難しいときは状況を電話するようにしてください。緊急用に、企業の連絡先とスマートフォンをそばに置いておくようにしましょう。

面接実施の際の態度や表情などのポイント

　WEB面接では対面のときにはない、特に意識すべきポイントがあります。以下の点に注意して行いましょう。

・画面に自分の胸から上がバランスよく映るようにカメラの角度を調節する。首から上だけなどにならないように気をつける。

・余計な音声が入らないように静かな場所で行うようにする。部屋の確保が難しい場合は、駅などにあるオンライン会議用のレンタルボックスを使うことも検討する。

・相手のディスプレイに自分の顔が大きく映っているはずなので、あいさつや話をしているとき常に笑顔の表情を心がける。

・オンラインでは、画面の相手の顔に視線を当てると下を向いているように映る。カメラに視線を向けると相手と目が合うように映るため、時々カメラを見る時間を作るようにする。

・オンラインでは相手の反応がわかりにくいと感じるので、普段よりもうなずきを大きくする。最初と最後のあいさつでも丁寧にお辞儀をする。

・退室ボタンをクリックするなど操作をしている表情も相手にしっかり見えているので、最後まで気を抜かずできるだけ笑顔を保つようにする。

面接の基本をまとめてチェック

入室〜退室までの流れを押さえる

面接の6ステップを覚えて、事前練習する

対面での面接の場合、面接の部屋に入室してから退室するまで、きちんとしたマナーを意識する必要があります。一連の流れをしっかりと押さえておきましょう。動きを理解したら PART 3 も活用し、何度も練習してみてください。

①入室

カバンは肩にかけず手に持ち、ドアを **3回ノック** します。入室の声がけがあったらドアを開け、面接官に **お辞儀し、はっきりとした声で「失礼いたします」** と言い、入室します。

②あいさつ

椅子のそばに立ち、面接官のほうを向き、**笑顔であいさつ** します（例：「○○大学△△学部△△学科４年、田中美咲です。よろしくお願いいたします」）。

③着席

「おかけください」と言われたら「失礼いたします」と座ります。深く座ったり、背もたれに寄りかかったりせず、**姿勢よく背筋を伸ばして座りましょう。**

④話の 間<small>あいだ</small>

　ずっと目線を合わせていなくてもよいですが、なるべく面接官の目を見るようにします。複数の面接官がいる場合は、全員の目を交互に見る時間を作りましょう。

⑤最後のあいさつ

「本日の面接は以上です」などの言葉があったら立ち上がり、両手にカバンを持って「本日はありがとうございました。どうぞよろしくお願いいたします」と目を見て伝え、丁寧に45度の角度でお辞儀をします。

⑥退室

　ドアの前でもう一度面接官に向かって立ち、「失礼いたします」と伝えてお辞儀をし、ドアを開けて退室します。

OB・OG訪問、リクルーター面接ではココを見られる

「人事に推薦したい」と思わせる

2016年度以降、実質的に「採用面接」として使われる例も出てきた「OB・OG訪問」と「リクルーター面接」。注意点を確認しておきましょう。

OB・OG訪問は積極的に

OB・OG訪問とは、ある企業に興味を持って志望している学生が、実際にその企業で働いている学校の卒業生に会って話を聞くことです。コロナ禍以降はWEBで行うことも多くなりました。会社の雰囲気や文化、仕事の様子やキャリアの積み重ね方を知る貴重な機会ですから、積極的に行いましょう。

注意したいのは、**この訪問が「採用面接」として活用される場合がある**点です。企業によりますが、OB・OG訪問であっても、好感を持ってもらえると、報告が人事に届き、書類選考や1次面接なしに採用選考を受けられる場合があるのです。

リクルーター面接は「最初の電話やメール」から始まる

リクルーター面接とは、その企業で働いている人や、その企業で働く大学のゼミ・研究室の先輩から電話がかかってきて直接またはWEBで会うものをいいます。インターンシップやOB・OG訪問の後、好感度が高いと連絡がくることがありますし、先輩から直接誘われることもあります。企業によっては、何回もリクルーター面接をする場合もあります。

リクルーターから連絡があったら、**もうその時点で、採用面接は始**

まっていると思ってください。軽い感じで食事や飲みの席に誘われるかもしれませんが、油断は禁物。面接と同じであると考えましょう。

先輩に会うのも「面接」と意識する

このように、OB・OG訪問やリクルーター面接も、採用に直結することがあります。対面であってもWEBであっても相手に**「好感を持ってもらえる印象作り」**を意識しましょう。

具体的には、次のポイントに気をつけます。

● OB・OG訪問、リクルーター面接で気をつけるポイント

① 丁寧な言葉遣いや、清潔感のある服装（スーツ）は大前提。ビジネスマナーをわきまえましょう。 □

② 待ち合わせ時間の5分前には着くようにしましょう。 □

③ お会いしたら、元気に笑顔であいさつし、時間を取ってくれたことに感謝を伝えましょう。 □

④ 会う前に会社のことをきちんと調べ、待遇などについてだけではなく、「なぜ先輩がこの会社を選んだのか」という理由や、会社での働きがいなど、仕事の内容についての質問を準備しましょう。 □

⑤ 自分の学生時代の活動や価値観、強みなどについて話せるように準備しておきましょう。 □

⑥ 忙しい中会ってくれた人に感謝の気持ちを忘れず、面談の後にはその日のうちにお礼のメールを送りましょう。 □

インターンシップ面接では
ココを見られる

「1日も早く採用したい」と思わせる

　この項では、非常に多くなりつつあるインターンシップ（就業体験）に参加するための面接選考について、注意すべき点を解説します。

企業側の最終的な目的は「採用したい人材の見極め」

　企業側にとっては実質、**「本採用につながる人材を確保できるか」**が大きなポイントとなっています。そのため、インターンシップの面接であっても、質問される内容は本当の採用試験と大きく違いはありません。PART 2の質問集を使い、自分の言葉で伝えられるように準備しましょう。

　とくに大手企業の場合は、実際の採用人数と比べて、インターンシップに参加できる人数が限られます。参加したい場合は、面接前に入念に準備・練習することが重要です。

インターンシップでの面接は本番の練習の場でもある

　春～夏、秋に実施される数日～数カ月のインターンシップは**「実際の仕事を体験する」「志望業界の現場についてより深く知る」**ことがメインの目的です。面接についても、企業側から「こういう部分をもっと伝えたほうがよい」などとフィードバックをもらえることが多いものです。練習だと思って、どんどん経験を積んでいきましょう。

　ただし、志望度が高い企業の面接を受ける場合や、3年生冬の面接には注意が必要です。**企業側も実際の採用につなげたい意欲がより高くなっています。**「練習台」と安易に考えず、本番そのものだと思って臨むようにしましょう。

3年生春〜秋までのインターンシップ

面接官のチェックポイント：
本採用につながる学生はいるか

「実際の仕事を体験する」「志望業界の現場についてより深く知る」ことが目的のインターンシップではあるが、面接官は「本採用につながる学生はいないか」と目を光らせている。

3年生冬のインターンシップ

面接官のチェックポイント：
本採用につながる学生はいるか

企業側も実際の採用につなげたい意欲がより高くなっている。「インターンシップ面接」ではなく「本番の採用面接」だと考えて臨みたい。

「1日も早く採用したい」と思わせれば
インターンシップ面接は合格！

業界別「こんな人がほしい！」①

サービス業

「志望する業界は絞らなくてはいけないのでしょうか？」という質問を よく受けます。「はい。1つに絞ってください」とまでは言いませんが、 異なる業界を多数（10以上）受けることはしないほうがよいでしょう。

なぜならば、**業界によって「求めるもの」が違う**からです。

もちろん、どの業種にも共通して求められる力や姿勢があります。し かしその一方で、業界による違いも確実にあります。

業界ごとの「本音」を理解して準備を進めると、面接の際にとても役 立ちます。そこでここからは、「求めるもの」に特徴がある業界をいく つか解説していきます。

まずはサービス業です。

1　金融（銀行・証券・生命保険・損害保険等）

基本的には、お客様と接する営業職での採用となります。

大きなお金を扱う金融業界では、**信用があり、手堅く真面目で、処理 を正確にこなせることが求められます。** 身だしなみを整え、真面目な態 度で礼儀正しく接することを意識しましょう。

また、業界内でほかの企業との大きな差がないのが実際のところで す。自分で競合企業との違いを研究し、「第一志望だ」と強く言い切れ る理由を考えておきましょう。

金融業界は、激しい時代の変化を読み取る力も求められます。社会・ 経済のニュースに目を通しましょう。

ちなみに、銀行はとくに OB・OG 訪問が重視されます。積極的に行

いましょう。

2　航空

　志望職種が総合職なのか、CA・地上職などの専門職なのかにもよりますが、共通していえるのは、**「お客様を安全に定刻通りに乗せて運行する」ことが、何にも増して大切**だということです。お客様サービスについ目線が向きがちですが、航空業界は安全面への意識が高いこと、責任感が強いことが第一です。

　また、さまざまな機体の知識や航空関連の法律などをしっかりと学び、理解できる力も必要です。笑顔や立ち居振る舞いなどの感じのよさは、その次に求められるものと考えてください。

　そのほか、準備しておいたほうがよい点は、何といっても会話力を含む「英語」です。求められる「TOEIC 600 点以上」は、短期間では身につかないもの。早くから勉強を進めましょう。

3　旅行

　まず必要なのは、旅行が好きなこと。これは最も重要な条件です。面接に臨んだら、旅行の経験や好きな場所について間違いなく聞かれます。自分の体験や興味関心を振り返っておきましょう。

　ただし求められているのは、**企業目線で「お客様の旅行を支援する立場としての提案、意見」を立案**することです。「自分が楽しかったからやりたい」ではなく「お客様にこういう旅を提供したい」という視点で提案できるよう、普段からアンテナを張って準備しましょう。

　旅行業界の人は、お客様のお世話をするのが役割です。明るく楽しい、発想力がある人よりもむしろ、誠実でしっかりとサポートできる人が求められます。

業界別「こんな人がほしい！」②

主に顧客が個人の業界

4　小売

　専門店もあれば、多種類の商品を売る百貨店やスーパー、コンビニエンスストアなどもある、多岐にわたる業界です。

　志望する人に多いのが、「将来、店舗開発や商品バイヤーの仕事に就きたい」という志向です。ただ、まず求められるのは、**「お客様の視点に立ってサービスをしたい」という姿勢があるかどうか**。第一印象をしっかり見られていることを意識して面接に臨みましょう。

　事前準備で重要なのは店舗の見学です。自分がお客様ならどんな点がよいと思うか、改善したほうがよい点はどこかを分析しながら複数の店舗を面接前に見学し、意見をまとめておきましょう。比較として、競合店を見ておくのも効果的です。

5　食品

　食べ物を扱う仕事のため、何といっても **「清潔感」** が第一に求められます。面接に臨む前には、服装や髪型などに、他業界よりも一層細かく気を遣いましょう。

　また、「消費者側の視点」ではなく、**「企業側の視点」** で商品を捉えて改善点や企画を考える力が求められます。準備として大切なのは、商品をたくさん試食してみること。志望する会社の商品だけでなく、他社の商品も食べてみて比較し、「消費者」としてではなく「作る側」としてどんな気づきがあるのか、自分だったらどう工夫したいかをノートに書

き出しましょう。面接で強力な武器になります。

6　アパレル

　第一条件は「服が好き」ということです。面接でも「自分らしい服装でお越しください」と指定されることがあります。志望企業の商品を上手に取り入れられるとよいですね。

　当然のことながら、**ファッションセンスが求められます。**普段から多くの雑誌や店を見て、今のトレンドや傾向を研究しましょう。

　将来、商品企画やバイヤー、ディスプレイなどのクリエイティブな仕事に就きたい人も多いでしょうが、最初は店舗での販売や取引先への営業の仕事が主になります。まずはお客様対応で高い好感度を得られる人だとアピールできるよう、第一印象を意識して臨みましょう。コミュニケーション力と、ファッションに対する感度のバランスが大切です。

7　不動産

　不動産業界は、ディベロッパーとして法人に関わる仕事から、個人の顧客に一戸建てやマンションを販売する仕事、賃貸住宅の仲介の仕事など、多岐にわたります。また、中古住宅のリノベーションや住み替えの仲介など事業内容もさらに幅広くなってきていますので、**自分がどんな仕事をしたいのか**、企業のビジネスを比較してよく考える必要があります。

　個人顧客に高額な住宅を買う決断をしてもらう不動産営業の仕事の場合、まず求められるのはコミュニケーション力。相手のニーズをよく聞き、相手に合った提案をしたいと思う気持ちです。誰かと協力したり、コミュニケーションを取ったりして成功した経験について具体的に話せるよう準備しておきましょう。

　その上で、社会の新しい傾向を知るための情報収集をいとわないことや、前向きに努力する資質が求められます。

業界別「こんな人がほしい！」③

主に顧客が法人の業界

8　機械・金属などのメーカー

　食品や洗剤などの生活用品と違い、この業界の製品はなかなか直に触れることがなく、イメージしにくいかもしれませんね。

　求められるのは、**常に問題意識を持って、製品や仕事の進め方に改善・改良を重ねる姿勢**や、**「世界の中でどう生き残っていくか」という、事業の先を見据える視点**です。

　準備として、製品がどのように活用されているのか、どこの国に工場などがあるのか、今後はどのような事業計画を立てているのかなど、志望する企業についてできるだけ細かく調べることをお勧めします。

　また、自分ならその企業の中でどのような事業に携わり、どう推進していきたいのか話せるように考えておくとよいでしょう。

9　広告代理店

　華やかなイメージがありますが、クライアントである広告主あっての仕事です。クリエイティビティや流行をキャッチする感性以上に求められるのは、**クライアントのニーズを把握する力**です。

　また、クライアントの要望に沿った形に仕上げるスキル、企画を納得してもらうプレゼンテーション力、周りの人の協力を得て企画を推進する力も必要です。

　面接では、自分の意見や感性をうまく伝えられるかが重要になってきます。会話力を磨く練習として、「○○について（例：「犬について」

「ラーメンについて」)」など、さまざまなテーマで自分の意見を話し、それを多くの社会人に聞いてもらい、フィードバックをもらうとよいでしょう。

10　IT系・情報通信

文系も幅広く採用する業界です。

PCスキルやネットワーク構築の知識やスキルなどは、入社してから身につけることが可能ですから、心配しすぎることはありません。

多くはSE（システムエンジニア）での採用のため、第一に求められるのは、**クライアントのニーズを引き出し、形にする力**です。つまりコミュニケーション力や、システムを考える論理的な思考力が必要となるのです。

面接の準備として、自分の考えを論理的に筋道立てて答えられるようにしておきます。「結論→その理由→具体例→成果→学び」のように、順序よくわかりやすく話せるよう練習を重ねましょう。

11　総合商社

商社には、商材ごとの「専門商社」と、あらゆるモノを扱う「総合商社」があります。ここでは総合商社について解説します。

商社にはたくさんの事業部があり、とてつもなく多くの業界・企業の間に入って取引をしています。事業部が異なると、まるで別会社のように仕事内容が違うため、まずは複数の商社の事業内容をよく調べ、「自分が何を扱いたいのか」を考える必要があります。

海外も含め、多くの企業の間でプロジェクトの仲介をしていくのが総合商社の仕事。自分のまとめたい商談を成立させるため、**どんどん行動し、人を説得するようなバイタリティーあふれる人**が求められます。自分がどんな取引をしたいのか、OB・OGからもしっかり情報収集し、意見を明確にしてから面接に臨むようにしましょう。

業界別「こんな人がほしい！」④

その他の業界

12　教育（大学職員・専門学校等職員）

　学校職員に求められるのは、まず知識です。一般教養のテストが重要になりますので、しっかり準備しましょう。

　コツコツと事務仕事をする能力より、**「学生を支援したい」「人の役に立ちたい」という姿勢**が求められます。

　近年、学校法人は国からの補助金等も少なくなって成果や自立を求められ、大きく変化しています。その変化に対応し、改革できる人についてはもちろん歓迎である半面、とても保守的な業界のため、少しずつ改革を進めていける人が求められています。真面目な態度で礼儀正しく、人の話をよく聞く姿勢で面接に臨み、どのように改革したらよいと考えるか、自分の意見を準備しておきましょう。

13　各種公務員（国家・地方）

　短期的な成果が求められることはなく、安定した働き方が保証されていると思われがちな公務員。しかし現在の日本の状況は大きく変化しています。「公のために貢献しよう」という志を持ち、災害へのリスクや法律・制度の変更に柔軟に対応し、課題を解決・変革していく力、そして多くの関係者の間の調整を図る力が必要とされています。

　これからの公務員には、同じことをコツコツ続けていたい人よりも、むしろ**自ら能動的に動く人**が求められます。筆記試験ももちろん重要ですが、近年の公務員の試験は、民間企業よりもコミュニケーション力を

重視しているといえます。面接では、臨機応変な対応力や課題解決の経験を伝えられるように準備しましょう。

14　医療・福祉

　病院など医療系施設や介護施設の仕事は、検査技師のような専門資格が必要な職種と、一般的にすべての学部の人が試験を受けられる職種に分かれます。どちらにも共通して求められるのは、**安全や決められた工程を守る意識がしっかりあること、責任感があること、その上で患者や高齢者の方への気配りや心遣いがあること**などです。

　この業界を志望する人に多い「ほかの人の役に立ちたい」という気持ちはもちろん大切です。しかし忘れてはいけないのは、具合の悪い人や亡くなっていく人にも多く遭遇する仕事だということです。自分のメンタルのバランスなどを柔軟に取れることも重要になってきます。セルフコントロールの仕方、ストレスの解消法なども話せるようにしておきましょう。

15　電力・ガスなどのインフラ

　各地方に大手企業として存在していることもあり、安定していると思われがちな業界ですが、実際は違います。昨今の大災害や電力自由化の動きなど、**リスクや変化への対応力が非常に必要とされる業界**です。「変化のない安定した仕事」という認識は捨て、変革にチャレンジする精神を求められていることを理解しておきましょう。

　また、人々の暮らしに直結する公共性の高い仕事です。「人のためになる仕事をしたい」という思いも必要です。

　さらに、ほとんどの仕事がチームで行われ、大きな組織で動くことになりますので、短期間の個人的な成果よりも、チームの中で、現場の仕事に尽力できる人が求められます。面接ではチームで働いたエピソードを準備しておくとよいでしょう。

参考になる業界情報・新しい情報収集の仕方

応募前・面接前にできる準備

備えあれば憂いなし!

　業界によって求める人材の違いがあるように、応募する業界について、面接前にしっかりと調べておくことは重要です。インターンシップに行く、企業の説明会に参加する、先輩に話を聞く、などのほかにも、活用できる方法を知っておきましょう。

各業界の「業界専門紙・誌」を活用する

　各業界には、それぞれの業界に関連する社会的ニュース、経済情報、新製品・サービスの紹介、イベント、法律の変更などを詳しく記載する**「業界専門紙」**があります。

〈参考になる業界紙の例〉
・建設業：「日刊建設工業新聞」　・医薬品：「日刊薬業」
・食料品：「日本食料新聞」　・観光：「観光経済新聞社」
・福祉：「福祉新聞」　・ファッション・アパレル：「繊研新聞」

　今は紙の新聞だけでなくWEB上でも読むことができますので、「興味ある業界」＋「専門紙」などのキーワードで検索し、情報を得ることでより深い企業研究ができます。

　もっと詳しく読みたい場合は、「業界専門の雑誌」もあります。たとえば、映画・音楽・放送などの業界の専門誌「文化通信ジャーナル」は月刊誌として最近の情報を特集し、記事にしていますし、バックナンバーを購入することもできます。また、「不動産業界の本」のように1つの業界を詳しく解説した本もありますので、書店で手に取って内容を見てみ

てください。深く知りたい業界のものを読むこともおすすめです。

「業界研究本」は社会全体にある複数の業界を比較できる

また、1つの業界だけではなく、日本社会にある多数の業界の紹介や、その業界に含まれる企業の特徴、違いを比較できるような「業界研究本」も出ています。図表を使ってわかりやすく伝えていますので、このどちらかはぜひ読んでいただきたいです。

・『**会社四季報　業界地図**』（**東洋経済新報社**）：182もの業界を紹介し、毎年、年度版が発刊される。企業のビジネスの参考にもされる大ベストセラー。

・『**日経業界地図**』（**日本経済新聞社**）：巻頭に今後の社会全体の経済動向の記事や、今後伸びるビジネスの解説もあり、どんな業界が社会にあるのかについて理解するだけでも参考になる。

新しい情報収集の仕方

最近では口コミサイトやSNSを活用した新しい情報収集も行われるようになっています。閲覧するには会員登録が必要な場合も多いですが、無料で登録でき、企業の公式ホームページからは得られない情報も多いので、参考にしてみるとよいでしょう。

〈参考になる口コミサイト〉

・**ONE CAREER（ワンキャリア）**：インターンシップや就活試験、進行状況についての口コミが集まるサイト。最近では企業のインターンシップ募集情報なども掲載されている。

・**OpenWork（オープンワーク）**：企業の社員または元社員による「風通しのよさ」「人材の長期育成」「社員の相互尊重」など8つの評価ポイントやその理由を掲載しているサイト。

〈参考になるSNS〉

・**LINEオープンチャット**：友だちに登録していなくても、そのコミュニティで話されるテーマに参加したり、情報交換をしたりすることができる機能。最近では就活関連の情報交換グループや、特定の業界の採用試験進行情報などもリアルタイムでやり取りされている。

・**LinkedIn（リンクトイン）**：世界的なビジネスに特化したSNS。外資系企業などの中途採用で活用されているが、企業人事の人も多く登録しているので、特定の企業の活動状況を知ることや転職を考えている人たちに役立つことがある。

企業規模による
面接の違い

　企業規模によって面接官が知りたいことは変わってきます。

❶大手企業（従業員数 1000 人以上）

　大人数を採用するため、面接で知りたいことや評価基準は、1 次・2 次では社内でほぼ統一されています。過去問をインターネットで調べ、PART 2 の質問集を活用して準備するとよいでしょう。応募者が多いため、1 次面接は WEB が多く、短いものになりがちです。第一印象とコミュニケーション力で突破できるよう練習しましょう。

❷中堅企業（300 〜 1000 人）、中小企業（20 〜 300 人）

　面接が早く始まる企業や、8 月以降も面接を行っている企業が多くあります。大手より応募者が集まらない上、内定辞退も考えられるためです。説明会を少人数でも実施し、1 次面接を応募者 1 名で行うこともあります。中堅企業の 1 次面接は、大手の 2 次面接ぐらいのつもりで準備しましょう。面接官は他社の状況や自社への志望度をとくに知りたいと思っています。

❸小規模企業（19 人以下）

　社員一人ひとりの役割がとても重くなります。長年同規模で続いている企業と拡大中のベンチャーでは、求めているものが大きく違いますので、資本金や売上高、事業内容をよく調べましょう。前者なら、堅実に自社で仕事を続けてくれるか知りたいと考えていますし、後者なら、拡大の方針に共感し、一緒に成長してくれる人を求めています。同じ小規模でも必要とされる人材が違うことを念頭に置いて面接に臨みましょう。

PART

2

正しい答え方がわかる!
面接質問 編

面接の質問はタテマエがとても多く、面接官の意図をつかみ損ねると「この人、わかってない」と思われてしまい、うまくいきません。ここでは面接の「タテマエ質問」を「ぶっちゃけ質問」に翻訳し、答え方のポイントを解説します。

最初に知っておきたいのは
面接で聞かれる質問は
「タテマエ」であるということ

額面通りに
受け止めると

と思われてしまうの！

1

タテマエ質問

自己PRをお願いします

ぶっちゃけ質問

あなたの強みをふまえて、当社で何ができますか?

　1次面接で聞かれることの多い質問です。時間が限られる中、面接官は一度にたくさんの学生の話を聞かなければならないため、「どんなところが強みなのか」「アピールできることは何なのか」を結論から話してほしいと思っています。「私は○○大学の××学科に在籍しており……」などと自分の話を延々と続ける就活生は好まれません。

　ありがちなのが、強みは伝えられるが、なぜそれが自分の強みだといえるのか、自分でもわかっていないケース。質問で突っ込まれる場合もありますが、言葉に詰まってしまうと「本当はそれが強みではないんじゃないの？」と思われかねません。

　単なる自慢に終わらず、自分の強みが就職後に会社でどう生かせるかまで考えて答えられると、面接官に強くアピールできます。

▶ 答え方のポイント

■ 結論（強み）から伝える

■ 具体的な理由を添える

■ この会社でどう生かせるかに結びつける

✕ 「わかってない」と思われる **ありがち回答**

私の強みは、人の話をよく聞き、その人の立場に立って共感できるところです。友人からもよく相談を受け、❶**「あなたに相談するとすごくよく聞いてくれるからほっとする」と言われます。❷この強みをこれから仕事でも生かし、よく相手の話**を聞くようにしていきたいと考えています。

❶なぜそう言われるのか、面接官には理由が伝わりません。具体的な理由を添えて伝えましょう。

❷そもそも、その強みは応募企業で求められているものでしょうか？ 応募企業の「どんな仕事で」「どのように生かせるか」まで説明しましょう。

 ◯ **面接官が思わずナットク! お手本回答**

私の強みは人の話をよく聞き、その人と一緒に目標に向かうところです。サークルで学園祭の企画を進めたとき、期限通りにお店の内装ができないと悩んでいた友人がいました。私は❸**どこがうまくいっていないか詳しく話を聞いてもう一度計画を細かく練り直し、ほかの人に担当を依頼するなど一緒に行動しました。**その結果、1日早く完成させることができ、友人にも「話を聞いてもらってすごく整理ができた」と感謝されました。❹**この「話をよく聞く」という強みを、御社の営業職でお客様のご要望をお聞きする際に役立てたいと**考えております。

❸具体的な場面や行動を添えて強みを説明できている点がよいですね。強みとエピソードがしっかり結びつけられているのもポイントです。

❹自分の強みを応募企業の「どんな仕事で」「どのようなときに」活用できるかまで伝えられています。

2

タテマエ質問

学生生活で力を入れたことは何ですか?

ぶっちゃけ質問

すごい経験でなくていいから、大学時代に努力したことを教えてください

　1次面接だけでなく、2次面接以降もよく聞かれる質問です。就活生に多いのが、自分の経験してきたことの中で「目立つ印象的なエピソードを言わないといけない」と思っている人です。

　中には大学時代には特別なことがないからと、小学校、中学校時代の部活動や習い事を紹介する人もいますが、面接官は「今のあなた」のことを知りたいと考えています。さらに言えば、力を入れて取り組んだ経験を仕事に応用できそうかどうかも探りたいので、結果だけではなく、どのように努力してきたのかが知りたいのです。

　アルバイトやサークル、ゼミなどの話でよいので、大学生になり、何を考え、どんなことをしてきたのか、大変だったことや失敗をどう乗り越えてきたのか、そのプロセスを面接官に伝えましょう。

・・

▶ 答え方のポイント

- 高校以前の話ではなく、直近の経験を伝える
- 大変だったことをどう乗り越えたか伝える
- 結果だけでなく、努力したプロセスも伝える

✗ 「わかってない」と思われる**ありがち回答**

私が学生時代に力を入れたことは、**❶中学、高校**と6年間続けたテニスです。そこで私は粘り強く最後まで決してあきらめないという力を身につけました。**❷さまざまな困難**がありましたが、先輩や同期に支えられてがんばり続けた結果、県大会3位という成績を残すことができました。

❶面接官が第一に聞きたい直近の学生生活でなく、中学、高校の活動を伝えているのが残念です。大学時代に力を入れたことのエピソードを紹介しましょう。

❷「さまざまな」は漠然としすぎで、どんな困難なのか面接官にはわかりません。「どのように」がんばったのか、具体的に説明しましょう。

◯ 面接官が思わずナットク! **お手本回答**

力を入れたことはテニスサークルでの競技会出場です。中学・高校時代テニス部で活動し続けた私は、大学のサークルでも目標を持って取り組みたいと考えて、2年のとき、他大学も参加する競技会に出ることを提案しました。楽しくやりたいというメンバーの声もあったので、**❸メンバー個々に「楽しみながらも目指すものに向かって活動しよう」と自分の気持ちを伝え続け、まずは私を含め3名が大会出場のため毎日練習を行いました。だんだんと加わってくれる人が増え、半年後には30名が参加し**大会に出場することになりました。この経験から、**❹思いを持って努力し続ければ相手に伝わること**を学びました。

❸取り組み段階での思いや考えを、数字を入れて具体的に説明できています。

❹経験から学んだことも伝えられており、効果的ですね。

3

タテマエ質問

簡単に自己紹介をお願いします

ぶっちゃけ質問

あなたの性格や、取り組んでいることを、
1分ほどで教えてください

「自己紹介してください」と言うと、本当に「学校名」と「名前」しか言わない人がいます。決して間違いではないのですが、1次の集団面接では時間が少ないため、面接官も突っ込んだ質問をしてくれません。アピールの機会をみすみす逃すことになるのです。「自己紹介をしてください」と言われたら、自分の強みや取り組んでいることを説明しましょう。

　面接官は、話の要点を整理できる人かどうかも知りたいと考えていますので、1分前後にまとめるのがポイントです。

　趣味や出身地など、自分の好きなことしか言わない人もいますが、ここは「仕事に就くための面接の場」です。話した内容がその仕事にどう役立つか、相手がスムーズに結びつけられるように伝えると効果的です。

- -

▶ 答え方のポイント

　■ 所属だけでなく、人物像が伝わるエピソードを交える

　■ 長すぎないよう、1分程度にまとめる

　■ 好きなこと中心ではなく、仕事に役立つような事例を添える

✕ 「わかってない」と思われる**ありがち回答**

〇〇大学経済学部の嶋崎みおと申します。**❶出身は長野です。現在は経済学部で大崎ゼミナールに所属しています。サークル活動は軽音楽のバンドをやっています。**どうぞよろしくお願いします。
（約20秒）

❶出身や所属しているゼミなどの「事実」しか伝えていないので、面接官には特徴がわかりません。せっかくのアピールの機会です。自分が力を入れて行ってきたことを紹介しましょう。

 〇 面接官が思わずナットク！ **お手本回答**

〇〇大学経済学部の嶋崎みおと申します。大学ではメーカーのマーケティングについて学ぶゼミに所属し、軽音楽サークルでドラムを担当、お菓子の販売のアルバイトを行っています。これらの活動の中で、一番私が力を入れたのは、**❷ゼミで地域商店街と協力したまちおこしのイベント活動です。千葉県の〇〇市にある商店街で半年に1回お祭りがあるのですが、私たちのゼミも参加し、集客や宣伝、イベントの企画などをどう工夫すればお祭りにより多くの人が訪れるか、準備段階から関わりました。❸私は広告宣伝担当として企業回りを行いました。**この経験から、チームで協力して目標に向かうことの大切さとやりがいを学ぶことができました。（約1分）

❷努力したこと、力を入れた活動について具体的に説明できています。面接官がこの後、自己ＰＲなどを聞いてくれるかどうかわかりませんので、自己紹介でこのように伝えるのはよい点です。

❸「簡単に」と言われていることも忘れないようにする必要があります。自分の活動やそこから学んだことを話しつつ、1分前後でまとめているのもよい点です。

4

タテマエ質問

なぜ弊社を志望したのですか?

ぶっちゃけ質問

弊社で何がしたくて、何ができますか?

「いろいろな業界があり、この業界にもたくさん会社がある中で、どうしてうちの会社を志望するのか」が知りたい質問です。学生の中には「とりあえず大手だから」と応募する人や、待遇メインで探す人、あこがれ記念受験のような人もいるため、本当にこの会社の事業に興味があるのか、自分のやりたいことがあるのか、どんな会社でどんな仕事があるのか、しっかりと調べてきてくれているかを面接官は確認したいのです。

　また、あなたが今まで勉強してきたことや、取り組んできた行動、強みだと思っていることと、この企業の仕事との関連についてはどうでしょうか。必ずしも、専攻の内容を直接結びつける必要はありません。この仕事に役立つ強みを持っているかどうかについて説明できるとアピールになります。

⚫ 答え方のポイント

　▫ なぜこの企業なのか、仕事の内容も交えて答える

　▫ 自分がやりたいことを伝える

　▫ 自分がこの企業で生かせる強みに結びつける

✕ 「わかってない」と思われるありがち回答

私が御社を志望した理由は、御社の「常にお客様の『おいしい』を追求し続ける」という理念に大変共感し、感銘を覚えたからです。私は幼い頃から御社のお菓子に親しんできました。おいしさだけでなく、御社のお菓子は子どもたちに夢を与えていると思います。**❶私もそのような夢を与える仕事がしたい**と考えて志望いたしました。**❷私の、楽しいアイデアを考える発想力**を御社で生かしたいと思っております。

❶単なるあこがれに聞こえてしまいます。応募企業の仕事内容を理解していること、その上で自分がどのような仕事をしたいのか考えていることがわかるように伝えましょう。

❷「〇〇力」のようなフレーズだけでは、漠然としすぎています。どこでどう身についた力で、どのように生かしたいと考えているのでしょうか。応募書類に書いていたとしても、面接できちんと伝える必要があります。

 〇 面接官が思わずナットク! お手本回答

私は、消費者に楽しさや満足を与えるものを作っている食品業界に興味を持っていますが、その中で、御社の「常にお客様の『おいしい』を追求し続ける」という理念に大変共感しました。**❸また、説明会で、御社の方から仕事内容や常に目標に向かってチームで工夫していく点についてのやりがい、会社の商品にとても誇りを持っているというお話をお聞きし、私も御社で自分の目標を立て、成長しながらよい商品を提供し続ける仕事がしたいと強く思い志望しました。**もし御社に入社することができましたら、**❹私が絵画のサークル活動で積み重ねてきた、工夫しながら行動する力を生かし、営業の仕事に携わりたいと思っております。**

❸理念への共感だけでなく、実際の自分の体験から感じたことを用いて、応募企業の仕事への興味について具体的に説明できている点がポイントです。

❹自分の力がどこで培われたのか説明し、応募企業のどの仕事に生かしたいかまで伝えることができています。

5

タテマエ質問

> ほかにどのような会社を受けて
> いますか?

ぶっちゃけ質問

> この業界に本当に興味がありますか?
> それはなぜ?

　新卒採用では応募者がさまざまな会社に応募していることは企業も当然わかっています。しかしその中でも、「うちと同じ業界を受けているのか」「ほかに受けている企業とうちに共通点があるのか」を面接官は知りたいと考えています。一貫性がないと、何を基準に選んでいるのか、本気度や仕事への興味は大丈夫なのかと不安になってしまいます。

　また、ほかの会社の選考がどの程度進んでいるのかも、面接官が気になる点です。面接官も誰を合格させるのか応募者を比較して決めなくてはいけないため、やはり「第一志望だ」という人から優先で考えます。ただ、他社の選考で早めに脱落している人に対しては、「何か悪いところがあるのかも」と勘ぐります。第一志望だということは伝えつつ、他社の選考の進み具合もある程度説明するとよいでしょう。

▶ **答え方のポイント**

　■ 同業界、または共通点のある業界の企業を挙げる

　■ この業界に興味がある理由を伝える

　■ この企業が第一志望であることと、その理由を伝える

「わかってない」と思われる**ありがち回答**

はい、私は人と人とをつなぐサービスがしたいと考えて企業を選び応募しています。御社のような**❶人材サービス業に5社、人と人をつなぐということで地域の銀行に4社、その他生命保険会社に3社、教育業界に3社**応募しております。今、書類選考の結果待ちで、1社面接の結果待ち、1社面接予定があります。もちろん、その中で**❷御社が第一志望**と考えております。

❶業界がバラバラなため「仕事内容中心に志望を考えていない人」という印象になってしまいます。伝えるのは応募企業の同業界や共通項がある業界の企業に絞りましょう。

❷理由を述べていないので、面接官に納得してもらえないでしょう。なぜ第一志望だといえるのか、説明するようにしてください。

面接官が思わずナットク! **お手本回答**

はい、私は人のキャリアに深く関わり、人と企業の橋渡しをする人材サービス業に興味を持って活動しています。**❸御社と同業種の人材サービス業に5社応募し、現在1社面接の予定があります。**そのほかに個人の方のケアをしていくという共通点を考え生命保険会社を2社受けましたが、こちらは1社面接の結果待ちです。また、**❹人材サービス業の中でも、登録する方と募集している企業がうまくマッチングするようにきめ細かなケアを重視している御社に大変興味を持っております。**第一志望として御社でぜひ働かせていただきたいと思っております。

❸応募企業と同じ業界の企業を中心に進行状況を説明し、ほかの業界についても志望企業との共通点を伝えられています。仕事に対する一貫性が感じられる回答です。

❹同じ業界の中でもなぜこの応募企業なのか、しっかりと伝えています。志望度の高さが感じられる回答です。

6

タテマエ質問

入社してやりたいことは何ですか?

ぶっちゃけ質問

企業研究はしましたか?　当社の本業でどんな仕事がしたいと思っていますか?

　よくある学生の答えに「社会貢献の活動に共感した。そういう活動がしたい」というものがありますが、企業側としては、これだけでは「うちの会社の本来の事業内容に興味がないのだろうか」と思ってしまいます。

　本業のビジネスで利益を上げることで初めて、従業員の雇用を確保したり、社会に製品やサービスを提供したり、税金を支払って社会に還元したりする役割を担えるのだということを念頭に置き、事業内容の中からやりたいことを伝えるとよいでしょう。

　また、新人がいきなり就くことのできない仕事もあります。そのような仕事についてだけ言及すると面接官は「現実的に調べていないな」と感じてしまいます。将来的な目標として伝えるのはOKですが、その前にどういう経験を積みたいのかをプラスして伝えましょう。

● 答え方のポイント

　■ 本業としている事業内容の中からやりたいことを伝える

　■ 新人が就ける仕事かどうかを調べた上で答える

　■ 新人がすぐに就けない仕事の場合は将来の目標として伝える

✕ 「わかってない」と思われる**ありがち回答**

私は、御社が環境への取り組みとして海外のアジアやアフリカの国々に緑を増やそうという社会貢献活動をしていることに大変興味を持っております。これからのグローバルな社会では、環境問題は大切な課題ですし、**❶御社の社会的な立場にもこの貢献活動はプラスになると思います。私は留学で身につけた英語力を生かして広報職として環境への活動に携わりたい**と思います。

❶応募企業が求める人材を研究せず、やりたいことだけを言っているように受け取られます。その企業の本業や、新人が配属される職種を調べた上で伝えるようにしましょう。

 ## ⭕ 面接官が思わずナットク! **お手本回答**

私は、**❷大学生活や留学を通して身につけた英語力と異文化理解の知識を活用し、御社で多くの国の人々とやり取りをする海外営業の仕事に就きたい**と考えております。御社は、アジアをはじめ、欧米、アフリカなどさまざまな地域の企業との取引があり、今後もさらに海外進出を進めていく方針だと伺っていますが、私は欧米だけでなく、東南アジア、中国、中東など10カ国に友人がいて、その文化の違いや意見の違いを肌で体験しております。現在もオンラインで話し合い、交流を続けています。**❸この経験を生かし、現地の人たちと生身の交流をしながら営業のスキルを積んで、将来は大きなプロジェクトを任せられるようになりたい**と思います。

❷学んだことや身につけた力と、応募企業でやりたい仕事を結びつけ説明できています。現実的に職種を考えていることが面接官に伝わります。

❸新入社員が担当できる仕事でどのように経験を積みたいのかを説明しています。あわせて長期的な目標を持っていることを伝えているのもよい点ですね。

7

タテマエ質問

> あなたが研究している内容は
> どんなことですか?（理系の人）

ぶっちゃけ質問

> どうしてその研究を選んだのですか?
> 努力している点や、好きな点は
> どんなところですか?

　理系で技術職に応募する場合に必ず聞かれる質問です。何をどのように研究しているのか、詳しい内容や取り組む姿勢について聞かせてほしいと面接官は考えています。また、「どうしてその研究を選んだのか」もポイントです。受け身ではなく、主体的に意欲を持って選んだのかどうかを教えてほしいのです。

「自分の研究が実際の企業の仕事には直結しない」「まだ研究が全然進んでいない」と気にしている人が中にはいます。もしそうだとしても、どのような興味や問題意識を持って取り組んでいるのか、行動の過程や得られた課題発見力、実行力がどのようなものなのかなどを具体的に説明するようにしましょう。大学の研究が企業の仕事に直結することのほうが少ないことは、企業側も理解しています。取り組むプロセスで得られたことを説明するとよいでしょう。

● 答え方のポイント

　■ 研究内容だけでなく、研究したいと思った理由も伝える

　■ 研究での努力の過程を伝える

　■ この経験から得られたことと仕事に生かせる力を伝える

「わかってない」と思われる**ありがち回答**

私は日本脳炎ウイルスの感染阻害剤の合成の研究をしています。**❶日本脳炎ウイルスは日本やアジアに広く分布しているウイルスで、いったん感染すると非常に重い症状に陥り、死にいたるものもあります。** 私は数千種類のデータを分析し、その都度計画を修正しています。現在3種類の化合物を合成しました。

❶研究そのものの説明になっており、面接官には取り組みや行動がわかりません。工夫・努力した行動の過程について具体的に伝えましょう。

 面接官が思わずナットク！**お手本回答**

私は大学で日本脳炎ウイルスについて研究し、感染阻害剤の合成を目標としてきました。このウイルスは感染すると非常に重篤な症状となるため、**❷避けられるものを合成し役立てたいと考えた**ためです。一番困難だったのは、30％しか得られていなかった経路中の合成を改善させることです。私は過去の経験や数千種類のデータから方法の長所・短所をまとめ、試薬の当量や反応温度、反応時間を変更する工夫を繰り返しました。その際、**❸経験をもとに一番効果的な方法を計画するように取り組み、進捗状況や発生している問題をその都度把握し、現状に合った対応を素早く検討し実行するようにしました。** 1年間根気強く継続した結果、現在、3種類の化合物を合成するまでに至りました。まだ、これから実験を繰り返す必要がありますが、この経験で得た判断力や柔軟性を御社の研究職でも生かしていけたらと考えております。

❷なぜ取り組んだのか説明しているため、面接官に研究に対する思いが伝わります。

❸研究に取り組む過程で、どんな工夫をしたのか詳しく説明できています。どのようなやり方を経験し、身につけてきたのか理解できます。

8

タテマエ質問

あなたの弱みや短所は?

ぶっちゃけ質問

弱み・短所を1つ挙げて、どんなふうに改善しようとしているか教えてください

　これもよく聞かれる質問です。長所やアピールポイントだけを聞いていると、どうしても普段の自分よりも話を大きくして伝える人が多くなるので、本当のその人の姿を知るために、弱みや短所を聞きたいと面接官は考えています。また、自分を客観的に見られるのかどうかも知りたい部分です。

　ただし、素直に短所をいくつも挙げたり、致命的なマイナスポイントを述べたりするのは避けたほうがよいでしょう。たとえば「うそをつく」とか「時間にルーズ」といった短所は、仕事での重大なトラブルにつながるものです。採用側は合格させるのをためらってしまいますよね。短所は1つ伝えれば十分です。さらに、それを改善するためにどう努力しているかをつけ加えると効果的です。

・・・

▶ 答え方のポイント

　　■ 1つだけ答える

　　■ 仕事をする上で致命的な短所は避ける

　　■ 改善するためにどのように努力しているかを伝える

✕ 「わかってない」と思われる**ありがち回答**

私の短所は、苦手な人がいると、その人にうまく話を伝えられないことです。**❶また、体があまり丈夫でない**ので、冬になるとのどを痛めて風邪を引きやすいところがあります。

❶短所を2つも言う必要はありません。1つだけにして、失敗から学んだことや改善の努力について説明するようにしましょう。体が弱いことを伝えると「仕事で大丈夫か」と不安に思われる恐れがあります。別の短所を選んだほうがよいでしょう。

 ○ 面接官が思わずナットク! **お手本回答**

私の短所は、苦手な人にうまく話を伝えられないことがある点です。以前、オープンキャンパスの学校紹介の担当として学内の15の体育会部に協力を依頼したとき、**❷強い口調の激しい言葉で反対意見を言う部長に対して言葉に詰まってしまい、その意見にしっかり反論できなかった**経験がありました。その結果、体育会の人に協力を約束してもらうことがなかなかできず、準備が1週間遅れてしまいました。それ以降、自分がきちんと話せなかったことを反省し、強い口調の人がいても、**❸努力して声を出して、自分の考えを伝えるようにしています。**まだまだ改善する必要がありますが、最近はだいぶ臆せずに意見を言えるようになってきました。

❷単に弱みや短所を話すのではなく、どのような失敗だったのか、具体的なエピソードでわかりやすく伝えているのがポイントです。

❸まだ改善途中でも、どう工夫しているのか説明できています。完全に克服していなくても、努力している途中だと言えれば問題ありません。

9

タテマエ質問

> 何か質問はありますか?

ぶっちゃけ質問

**当社で働く具体的なイメージは
できていますか?**

　志望度が高い企業なら、そこで働くことをイメージした上で、聞いてみたいことがいろいろあるのではないでしょうか。「うちで働く具体的なイメージができているのなら、質問が何もないわけはない。いくつか聞きたいことがあるものだろう」と面接官は思っています。仕事への熱意を込めながら、長くキャリアを積んでいくために参考になりそうなことを質問するようにしましょう。気をつけるべきは「企業のホームページや就活サイトに載せているような内容は聞かない」ということです。単に「調べていない」と受け取られてしまいます。

　また、「転勤はありますか?」「教育制度は整っていますか?」など働き方や制度面の質問をストレートな言い方で聞くと、「転勤したくないのか」「誰かが教えてくれなければやらない、受け身の姿勢の人なのか」と、ネガティブに取られることもあります。表現に気をつけて伝えましょう。

⚫ 答え方のポイント

■ 仕事への熱意を交えて質問する

■ ホームページを見ればわかることは聞かない

■ 待遇や働き方に対する質問だけにならないようにする

✕ 「わかってない」と思われるありがち回答

はい、1つは、御社では研修の期間が長期間あるとお聞きしていますが、私は文系なので、**❶システムエンジニア職でやっていけるか不安に感じる**部分がやはりあります。御社では研修後現場に配属されてからのフォローなどはどのように行っているのでしょうか？　また、もう1つは、**❷部署の異動などの希望は自分から出せるのでしょうか？**

❶面接官に「採用して大丈夫かな」と思われてしまいますので、自ら不安を述べるのは避けましょう。

❷「もし配属された職種が合わなかったら異動できるか」と聞きたいように受け取られる恐れがあります。「自分がやってみたい仕事に手を挙げることはできるか」のように表現を工夫して質問しましょう。

 ◯ 面接官が思わずナットク! お手本回答

❸**はい、2点あります。**1つは、私は文系なので、御社に入社しましたら、システムエンジニアとしてできるだけ努力し、研修で技術を身につけようと考えております。**❹研修の内容や、仕事での実際のお話などを、御社の文系出身の方にお聞きすることは可能でしょうか？**　できましたらぜひお願いしたいと思います。
2点目は、もし御社に採用されましたら、入社するまでに勉強しておくと役立つことがあるか、お聞きしたいということです。初心者ですが、学んでおくとよい分野や読んでおくとよい本などがありましたら、教えていただけますでしょうか？

❸最初に「2点ある」と伝えており、非常にわかりやすい回答です。応募企業での仕事について考えていることが面接官にも感じられるでしょう。

❹熱意を入れながらお願いしたい内容を伝えている点がポイントです。このような表現なら、先輩の話を聞いて不安を解消したいようには聞こえないでしょう。

10

タテマエ質問

> ## あなたの強みは何ですか?

ぶっちゃけ質問

> ## 当社で生かせる力を持っていますか?

　エントリーシートや履歴書にはすでにあなたの強みを記入しているはずですから、もちろん同じ内容であっても構いません。ただ、その強みをどう発揮しているのか、書類よりも詳しく具体的に伝えましょう。

　さらに考える必要があるのは、その強みはこの会社の仕事で生かせるものなのかどうかということです。業界や職種によっては、優先的に求められる能力がありますので、しっかりと企業研究し、応募企業に合った強みを説明できるようにしましょう。中には、1日だけ行ったことについてのエピソードを伝える人がいます。極端に言えば、1日早起きをしただけで「朝に強い」と言ってしまうような人です。「自分の強み」と聞いていますので、数年間の中の1日のことでは納得してもらいにくいでしょう。継続して取り組んだことの中から強みを発揮できている事例を探してみましょう。

● 答え方のポイント

- ■ 書類よりも具体的に伝える
- ■ 企業が求めるものと関連づけて伝える
- ■ 事例は1度だけのものでなく継続的なものを選ぶ

✕ 「わかってない」と思われる**ありがち回答**

私の強みは、人の意見を聞き、協力し合う力です。ウェブ制作企業のインターンシップに参加しましたが、グループでこの企業をアピールするサイトのページを作る課題に挑戦しました。**❶半日かけてみんなで内容をまとめ、プレゼンするワーク**でしたが、**❷私はそれぞれの意見をよく聞き、自分の担当が終わってもほかの人が終わっていない部分を進んでサポートしました。**その結果、時間内に作成を終えることができました。

❶半日という短時間なので、面接官が納得しにくい事例です。継続して取り組んだことに関するエピソードを探すようにしてください。

❷課題の目標であるプレゼンテーションの内容がどんなものだったのか説明できていません。目標に対する努力や、その結果について伝えるようにしましょう。

 ## ○ 面接官が思わずナットク! **お手本回答**

私の強みは**❸チームをまとめ、目標に向かって進む力**です。この力は写真サークルの部長の役割で身につきました。**❹あまりリーダーの経験はなかったのですが、チャレンジでやってみようと担当しました。**みんなで作品を仕上げ発表する場を持とうと初めて展示会を企画したとき、22名のメンバーがなかなか活動に参加せず、開催まであと2カ月となってしまいました。私は、3年生に呼びかけ、この企画を成功させようという思いを伝え、作品を集め管理する係、展示会の会場設営係、1年生に制作を教える係など、**❸担当を決めて毎週進捗状況を確認するようにしました。**後輩には個別に声をかけ、今からでも参加できるからやってみようよと励まし続けたところ、最後は全員の作品を並べることができました。この推進力を御社の総合職として発揮していきたいと考えております。

❸企業の総合職に求められる、組織でメンバーをまとめ、目標に向かって推進していく力をアピールできています。継続して取り組んだ事例を説明している点も高評価です。

❹書類では自分の思いまでは伝えられなかったかもしれませんが、面接では「どう思い取り組んだのか」も説明するとよいでしょう。積極的な姿勢が面接官にも伝わります。

11

タテマエ質問

希望する仕事はありますか？
（総合職の場合）

ぶっちゃけ質問

当社の仕事を調べていますか？
興味を持っていますか？

　総合職の場合、この質問は、「あなたがどんな仕事を希望しているのかを参考までに聞く」という意味もありますが、どちらかというと「うちの会社にどんな職種があり、仕事の中身はどんなものなのかを具体的に研究しているか」「仕事についてのイメージをきちんと持っているのか」を知りたいという意図の質問です。この質問で希望を伝えたからといって、その通りに配属されるという意味ではありません。

　まずは、志望企業の新卒入社の社員がどのような仕事を経験しているか調べてみてください。あなたの希望は、ある程度のキャリアを積まないとできない仕事かもしれません。現実的に就ける仕事を挙げ、その中でどのように努力したいのかを伝えるとよいでしょう。

▶ 答え方のポイント

　■ どんな職種があるか、仕事の中身を調べた上で伝える

　■ 現実的に、新入社員が就ける仕事を答える

　■ その仕事でどのように努力したいかを伝える

✕ 「わかってない」と思われるありがち回答

❶私は、小さい頃から新しいものを考えることが好きで、発想力があります。カフェのアルバイトでも店長に新商品を提案し、採用されました。この力を生かして、❷御社の仕事の中で商品開発職を希望しています。コンビニエンスストアでは、スイーツの役割が大きいと思いますので、発想力を発揮し、売れるスイーツ開発にぜひ取り組みたいです。

❶「小さい頃から」は漠然としすぎでわかりにくいです。アルバイトへの取り組み方に絞り、具体的に詳しく伝えたほうがよいでしょう。

❷新卒ですぐ商品開発職に就くのは、かなり難しいといえます。現場での経験が求められるからです。現実的に就ける仕事を挙げるようにしましょう。

 ○ 面接官が思わずナットク! お手本回答

私は、フランチャイズの店舗の販売を支援するスーパーバイザーを目指したいと考えています。コンビニエンスストアは競合も多く、地域で売り上げを伸ばしていくのは大変なことですが、その分やりがいも多くあると感じています。直接自分がお客様と接する仕事ではありませんが、店舗のオーナーの方や働いているスタッフの方たちと協力しながら目標を達成していきたいと思います。❸私は現在カフェでアルバイトをしており、とくに売れ筋のスイーツやドリンクの動向は意識して分析するようにしています。また、❸毎日近くのコンビニエンスストアの棚を見て商品の陳列や動きを勉強しています。このような取り組みを生かし、❹まず店舗での経験を積んでからスーパーバイザーとしての成果を上げていきたいと考えています。

❸将来の仕事に向けて今からできる取り組みや学べることを説明できており、よいポイントです。

❹入社してからの職種について、具体的にイメージできています。

12

> ## 挫折や失敗の経験を
> ## 教えてください

ぶっちゃけ質問

大変だった状況をどう乗り越えましたか?

　面接官がなぜこういう経験を聞きたいのか、考えてみましょう。決して、失敗したことや、挫折して大変だったことだけを聞きたいわけではありませんよね。その苦境をどのように乗り越えたのかを知りたいのです。困難だったことを乗り越えた経験はきっとその人の糧になっているでしょうし、これからの仕事で大変なことがあったとしても、その経験が役立つはずです。

　挫折体験について延々と話すのではなく、その後どう取り組んだのかという部分を詳しく話すようにしましょう。また、「自分にはそんな経験がない……」と困っている人は、大学入学以前のことでもよいので、探してみましょう。それでも思いつかない場合は、今からでも「資格に挑戦する」「学校の苦手科目に本気で取り組む」などのチャレンジをお勧めします。

● 答え方のポイント

　■ 大変だったことを延々と話さない

　■ どのように乗り越えたかを具体的に伝える

　■ そこから学んだことをつけ加える

✕ 「わかってない」と思われる**ありがち回答**

私が挫折した経験は、大学入試に失敗してしまったことです。高校生のとき、とくに目標としているものがなく、将来の希望が漠然としていたため、あまり勉強せず、第一志望の大学に受かることができませんでした。親しい友人は、みんな志望の大学に合格していたため、大きく気持ちが落ち込みました。**❶その後の大学生活は、気を取り直して楽しく過ごすことができています。**

❶「失敗から何も学んでいない」と思われてしまう回答です。落ち込んだ後どう気持ちを切り替えたかや、ほかのことにどう取り組んだのかを伝えるようにしましょう。

 ## ◯ 面接官が思わずナットク! **お手本回答**

私が挫折した経験は、大学入試に失敗したことです。とくに目標としているものがなかったため、正直あまり勉強せず、第一志望の大学に受かることができませんでした。親しい友人は、みんな志望の大学に合格していたため、自分の不甲斐なさに落ち込み、反省しました。**❷気持ちを切り替えて、大学では目標を持とうと、希望する経済学のゼミに入れるよう努力すること、簿記の資格を取ることを決意しました。** 2年間毎日復習の時間を取って勉強し、難しいゼミに希望通り入ることができました。また、日商簿記2級の講座に通い、週末やアルバイトなどの合間をぬって必死に勉強した結果、簿記の資格も取得しました。この経験から、**❸自分で決意して目標を持つことの大切さや、努力し続ければ結果はついてくるということを実感しました。**

❷失敗からどう考えたか、行動を変えたかを説明できているのがよい点です。

❸挫折した経験から学んだことを、具体的な事例を使って伝えています。面接官に「仕事に就いてからも経験を活用できそうだ」と思ってもらえるでしょう。

13

タテマエ質問

> ## サークルや部活動では
> ## どんな活動をしていたのですか?

ぶっちゃけ質問

> ## 目標に向かって仲間と取り組んだ経験は
> ## ありますか?　サークルや部活動を
> ## しなかった場合、その理由は何ですか?

　この質問は、学生時代に集団での活動に取り組んだ経験があるかどうかを知りたい質問です。会社は人の集団で組織されている場所なので、人と人との関わり合いの中で、チームワークを発揮した経験は仕事に生かせる部分だと面接官は考えています。書類に書いていても実際どのようにやっていたのかもっと聞かせてほしいですし、書いていないなら、そういう経験がないのか、人とのコミュニケーションが苦手だったりしないかを確認したいと面接官は思っているのです。

　もちろん、アルバイトやゼミなど、ほかの活動で集団での経験をしていれば同じことですから、サークル・部活動でなくても構いません。

　サークルや部活動を行っていなかった人は、なぜ活動しなかったかを説明できるようにしておきましょう。

● 答え方のポイント

　　■ サークル・部活動の内容を具体的に伝える

　　■ サークルや部活動が未経験の場合、集団での活動経験を伝える

　　■ 長くなりすぎずに簡潔に伝える

✕ 「わかってない」と思われるありがち回答

はい、私は、大学生活では**❶勉強に一生懸命取り組みたいと考えていたため、資格取得と学業をがんばることを重視し、サークルなどにはとくに所属しておりませんでした。**できるだけ予習復習の時間を取って努力した結果、学部の優秀学生賞を受賞し、貿易実務や秘書検定などの資格も取得することができました。

❶サークルに所属していなかったことは問題ありませんが、この質問では、勉強など単独で努力したことではなく、面接官が知りたい集団の中での経験を説明するようにしましょう。

 ◯ 面接官が思わずナットク! お手本回答

はい、私は、大学生活で、勉強に一生懸命取り組みたいと考え、サークルなどには所属しておりませんでした。また、それに加え、**❷集団での社会経験を積みたい、**学費や生活費の一部を自分で出したいと考え、居酒屋でのアルバイトを週末や休暇の期間中行っていました。勉強に支障がないように両立して努力した結果、学部の優秀学生賞を受賞することができましたし、アルバイトのほうでは、**❸メンバーと協力し、お客様登録数キャンペーンでは目標を大きく上回る2倍の成績を残すことができました。**

❷所属しなかった理由の説明で「集団での社会経験を積みたかった」と別の集団経験であるアルバイトについて触れているのはよいポイントです。

❸チームでの活動を伝えることができています。アルバイトの内容をこれ以上話すと「サークル・部活動」の質問の趣旨から外れますので、この程度の長さにしましょう。

14

タテマエ質問

> 全国転勤がありますが
> 大丈夫ですか?

ぶっちゃけ質問

> 総合職としての覚悟はありますか?
> 家族は説得できていますか?

よく「面接で勤務地の希望を言えば、考慮してもらえるのではないか」と期待している人がいますが、総合職の場合は難しいことが多いでしょう。会社はあくまでもビジネスとして組織で動いていますから、それぞれの要望を全部聞くことはできないのです。総合職に応募するからには、覚悟を持って受けにきてほしいと採用側は考えています。逆に「こういう仕事がしたいので、その仕事ができる○○の工場を希望する」のように仕事ベースでの希望を伝えるのは、まったく問題ありません。

もう1点面接官が気にしているのは、両親の納得度合いです。本人はOKだったのに、親が地元にいてほしいと反対するので、「転勤がある仕事はできない」と内定を辞退するケースもあります。そのようなことがないかも確認したいのです。自分から「両親も納得済みだ」と伝えるとアピールになります。

● 答え方のポイント

■ 前向きな答えを、理由を添えて伝える

■ やりたい仕事ができる場所としての希望は伝えてもOK

■ 両親も理解していることをきちんと伝える

✕ 「わかってない」と思われるありがち回答

はい、若いうちはいろいろな場所で仕事を経験することも大切だと思っています。ただ、できれば、**❶将来は四国に住んでいる両親の面倒を見ることができるような場所で仕事をさせていただければと考えています。**

❶現実的に将来介護が必要になったときには、勤務地を考慮してくれる企業も数多くあります。面接の場で伝える必要はないでしょう。

 ◯ 面接官が思わずナットク! お手本回答

はい、もちろん大丈夫です。**❷私は御社の営業職を希望しておりますので、全国の主要都市に拠点があることも承知しております。私が住んだことがない九州や中国地方、北海道などにも行って、土地による文化や風土、売れ筋の違いなどを肌で感じて経験してみたい**と考えています。
また、両親が転勤族でしたので、幼い頃から私も何度か引っ越しをしてきました。新しい土地に住んで、新しい体験をすることも楽しいと感じていましたし、慣れていると思います。**❸このような両親ですので、全国展開をする企業で働くということはそういうものだと理解してくれています。**
「自分がやりたい仕事をやればいい」と応援してくれています。転勤についてはまったく問題ありません。

❷希望する仕事が行われている拠点を調べていることが伝わる回答です。転勤が大丈夫だという理由についても、前向きな表現で説明できています。

❸両親が納得していることを理由も添えてしっかり伝えているので、面接官も安心するでしょう。

15

タテマエ質問

力を入れた科目は何ですか?

ぶっちゃけ質問

何に興味があって、どんなふうに学んできましたか?

　学校の勉強についての質問の場合、「得意な科目がない」「いい成績を取っていない」などと心配する人もいますが、ここで面接官が聞きたいのは、この人はどのようなことが好きで、何に興味があって入学し、どう学ぼうとしてきたのかについてだと考えてください。

　そのため、小さい頃の話や高校までのことではなく、現在の専攻内容に関連するものの中から伝えるようにしましょう。

　また、「まだ卒論が決まっていない」「研究室が決まっていない」ということを気にする人もいますが、それも関係ありません。今の段階の話でよいので、自分の興味がある科目について、理由も含めて具体的に説明できれば十分です。

▶ 答え方のポイント

　■ 高校以前ではなく、大学時代に学んだことを答える

　■ 自分の興味関心や取り組み方を交えて答える

　■ 卒論や研究テーマがない場合、勉強していることの中から伝える

✕ 「わかってない」と思われる**ありがち回答**

私の大学は、**❶4年生にならないと卒業論文が決まらないために、今お伝えすることができない**のですが、好きな科目は英語です。**❷とくに資格試験などは受けていませんが、授業以外でも英語で映画を鑑賞することが好きで、会話をよく聞くようにしています。**

❶卒論が決まっていないことを気にする必要はありませんので、説明は不要です。

❷趣味として好きなことの説明に聞こえてしまいます。授業でどのように学んだのか、勉強として力を入れた内容、取り組みについて伝えるようにしましょう。

 ◯ 面接官が思わずナットク！**お手本回答**

力を入れた科目は英語系の科目です。私の学部では、1、2年次に外国人講師による英会話、リスニング、英語の論文を読む読解、英作文の授業があります。**❸将来仕事に就いたときに英語のスキルを向上させておけば必ず役に立つと考え、授業外でも英語でニュースを聞く、映画の会話を聞くなど毎日英語に触れるように努力しました。**そのため、**❸経営学のゼミに入ったときにも、海外の企業の情報や論文を英語で読むことに問題なく取り組むことができました。**今では、英語の新聞や文献を読むスピードが、1年生のときよりも2倍ぐらい速くなったと感じています。**❹大学に来ている留学生と英語で話せる交流の場にも積極的に出かけ、会話力もつけるようにしています。**まだTOEICを受験したことがないのですが、700点を目指して来月受ける予定です。

❸力を入れた理由を添えて、努力したことを詳しく説明できています。専攻の経営学と関連づけて伝えているのもよい点です。面接官に「仕事で使えそうなスキルだ」と思ってもらえるでしょう。

❹具体的な行動で英会話への努力も説明できているので、現在資格を持っていなくても英語のスキルがあることがイメージできます。

P
A
R
T
2

面接質問編

16

タテマエ質問

あなたの就職活動の軸は
何ですか?

ぶっちゃけ質問

どのような基準で企業を選んでいますか?

2次、3次面接になると増えてくる質問です。ひと言で説明しづらい、難しい質問かもしれません。

その企業に応募するかしないか、判断する軸が自分の中にきっとあるはずです。それは「事業内容」かもしれませんし、「会社の規模」「安定性」「説明会の雰囲気」などの基準で判断する人もいます。有名な企業にはとりあえずエントリーする人もいます。

一方、採用側は「この事業を行っているからこの業界に興味がある」「こういうサービスを行っている企業がいい」など、ビジネスの内容ややり方、仕事内容から選んでほしいと考えています。自分の就活の軸を前もって整理し、その軸がこの企業にマッチしていると思う理由を伝えるようにしましょう。

- ● 答え方のポイント
  - 前もって自分の判断基準、軸について考え、決めておく
  - 事業内容や仕事の内容に関連することを答える
  - 自分の軸がこの企業にマッチしていると思う理由を伝える

✕ 「わかってない」と思われるありがち回答

就活の軸ですか？………（この質問を予想していなかったため、しばし沈黙）私の就職活動の軸は、**❶自分らしく**働けることと、長く続けられることです。やはり、自分自身が納得していないと長く続けられないと思いますので、一緒に働きたいなと思える企業かどうかをメインに考えています。

❶「自分らしく」がどんなことを指すのかよくわからない回答です。事業内容や仕事内容を見て応募していることをきちんと説明しましょう。

 〇 面接官が思わずナットク! お手本回答

❷私は、企業を選ぶときの基準を3つ決めています。1つ目は、私が留学などで力を入れてきた英語を活用して、ほかの国や文化に関わる仕事ができるかどうか、2つ目は、その企業の製品やサービスについて自分が携わるとしたら誇りに思えるかどうか、3つ目は、働いている人が笑顔でやりがいを持ちながら働いているかどうかです。そのため、大学で開催される説明会やインターンシップ、OB・OGの方とお話しできる機会、店舗やショールームなど直接体験できる場にできるだけ積極的に足を運ぶようにしています。**❸御社についても、企業説明会で社員の方のお話を伺って、誇りを持って働ける企業だなと感じたためぜ**ひ応募したいと思いました。

❷自分の生かせる能力、重要な価値観を伝えることができています。「しっかり自分を理解し仕事を考えている人だな」と面接官に思ってもらえるでしょう。

❸応募企業が自分の基準にマッチしていることを理由とともにはっきり説明できています。

17

タテマエ質問

> 最近気になるニュースは
> ありますか?

ぶっちゃけ質問

> この業界や会社についての記事を
> 読んでいますか?

　社会人として仕事をしていく上で、世の中の動きに関心を持つことはとても重要です。「就職試験を受けている最中だから」とか、「学校の勉強のため」ではなく、普段から新聞の経済面や社会面、政治面のニュースに関心を持ち、そこから多くの気づきを得られる情報感度の高い人を採用側は求めています。

　これを踏まえて、「今、現実にこの会社の面接を受けに来ているのだから、少なくともこの業界や会社に関連する記事が最近あったかどうかくらいは調べてきてほしい」と面接官は考えています。この質問に、スポーツや芸能関係のニュースを答えるのはもってのほか。志望業界に関連した、社会や経済の動きについて答えましょう。

▶ 答え方のポイント

■ ここ2、3日のニュースで、スポーツ・芸能以外のものを伝える

■ その企業の事業や、経済の動きに関わるものを伝える

■ そのニュースからの気づきや学びを交える

✕ 「わかってない」と思われる**ありがち回答**

最近関心を持ったニュースは、**❶高校野球で母校が県大会で優勝し、甲子園に進んだこと**です。私が通っていた頃は決して強くなかったので、よくここまで勝ち進んだと素晴らしく感じました。私もあきらめずに努力し続けようと思いました。

❶面接官に「普段ニュースを見ていないのかな」と思われてしまう回答です。スポーツの話題ではなく、政治・経済または社会問題などから材料を探しましょう。

 ○ 面接官が思わずナットク! **お手本回答**

最近関心を持ったニュースは**❷脳卒中の後遺症による失語症のリハビリを続けていた方が仕事に復帰し、10冊以上もの本を執筆したというニュース**です。健康な人でも10冊以上の本を出版するのはとても努力が必要なことだと思うのに、リハビリを続けて実行したということを読んで驚きました。**❸そのような重い病気だとしても目標に向けチャレンジする姿勢を持ち続けることの大切さを感じました。**また、リハビリの中で多くの医療機器が役立ったと語っておられたことが印象的でした。私が目指す御社の医療機器に携わる仕事は、本当に社会に役立つ仕事なのだとあらためて志望する思いを強くしました。

❷面接官の質問の意図に合った、脳卒中後遺症のリハビリという社会ニュースを選んでいるのがよい点です。

❸ニュースから気づいたことや学べたことについてしっかり説明できています。ただ情報を収集するだけでなく、「その中から自分なりの考えを構築できる人だ」という印象を与えられるでしょう。

18

タテマエ質問

中学や高校のときの思い出は ありますか?

ぶっちゃけ質問

今のあなたの強みは、過去のどのような 行動から生まれたものですか?

　就活では、中学や高校時代のことよりも、いろいろなことを積み重ねてきた結果としての「今」はどうなのかを聞く質問が多いのですが、この質問はあえて、あなたが小さい頃からどのようなことに関心があり、どのような行動を取ってきたのかを聞いています。

　人には、「昔からずっと、こういうことが得意だ」「小さい頃から、こんな考え方で一貫している」という部分があるものです。面接官は、そのような一貫性を教えてほしいと考えています。

　また、「思い出」と言われても、ただ「大変だった」ことや「とくに何もしていなかった」などという伝え方はしないようにしましょう。短い面接の時間内に効果的にアピールするため、何が好きで何に一生懸命になっていたのか、1つを選び、具体的に伝えるようにします。

● 答え方のポイント

■ 1つを選んで詳しく答える

■ 自分の思いや取り組み方を伝える

■ この経験が今の自分にどう影響しているのか、一貫性を持って答える

╳「わかってない」と思われるありがち回答

私は高校時代、いろいろなことに挫折していました。中学ではある程度成績がよかったのですが高校に入って勉強が難しくなり、中学で選手をしていたテニス部に入ってもレギュラーで試合に出場できず、うまくいきませんでした。**❶このように悩んだり苦しんだりした時代があったから、今の私がいる**のだと思います。

❶挫折の経験を伝えるのはOKですが、どのように困難を乗り越えたのかよくわからない回答です。どのように努力したのか詳しく説明しましょう。

 ◯面接官が思わずナットク! お手本回答

私は高校時代に、初めて挫折を経験しました。中学時代はテニス部のレギュラーとして、学校代表になり県大会で入賞しましたが、高校でテニス部に入ると、もっと強いメンバーが多く、レギュラー選手には選ばれませんでした。落ち込みましたが、**❷「ここでやめてしまっては後悔する、もう少しやれるだけ努力してみよう」と思い、部活動の練習以外にも、毎日朝と夜に家でランニングなどの基礎練習やフォームを確認したボール打ちを繰り返しました。**その結果、半年後の部内の練習試合でレギュラーメンバーに勝つことができ、初めて試合に出場することができるようになりました。**❸この経験は、大学生になった今でも私の強みである「粘り強く努力し続ける力」に生かされています。**

❷挫折に対してどのように思い、どうがんばったのかについて具体的に説明できています。

❸高校時代の経験と今の自分の強みを結びつけて、一貫性をしっかり伝えられている回答です。

19

タテマエ質問

あなたを〇〇にたとえると
何ですか?(色、動物、食べ物…)

ぶっちゃけ質問

とっさの質問にどう答えますか?

　たとえば、「あなたを色にたとえると何色ですか?」という質問に、「この色を言ったほうがいい」「この色は言わないほうがいい」といった模範回答はありません。さらには、「色を聞いて〇〇を知りたい」や「動物を聞いて〇〇を知りたい」ということもありません。

　質問の意図は、「普段考えないようなことをとっさに聞かれて、どう反応するか」と「理由を交えて答えられるか」を見たいというもの。つまり、その人の頭の回転や柔軟性を知りたいということです。その答えが自分の体験と具体的に結びついていれば、なおよいですね。

　ただ、うっかりすると自分のマイナス面やネガティブな部分をさらけ出しがちになります。「なぜそう答えるのか」については、前向きな表現で伝えるようにしましょう。

● 答え方のポイント

■ 動揺せずに、落ち着いて答える

■ はっきりと回答し、その理由を交えて伝える

■ マイナス面やネガティブな部分とは結びつけない

✕ 「わかってない」と思われる**ありがち回答**

私を色にたとえると……（なかなか答えが出ない）白だと思います。❶**私は、人からの意見やアドバイスをよく吸収して努力するので、白にたとえられる**と思います。

❶「なぜこの色なのか」の説明が漠然としています。たとえばどのようなときにどんな行動を取ったのか、事例を入れて伝えるとわかりやすいでしょう。

○ 面接官が思わずナットク!**お手本回答**

私を色にたとえると、緑です。私は、音楽サークルの活動やコーヒーショップのアルバイトを通して、メンバーがチームとして協力し、一緒に行動していけるように工夫をしてきました。みんなの相談に乗り、全員にあいさつをしたり、「大丈夫？」など温かい声掛けをしたりといった行動を取りました。❷**友人からもよく「いつも穏やかだね。一緒にいるとほっとするよ」と言われます。**また、高校時代から自然の中に出かけるのが好きで、年に5、6回は山登りに行っています。❸**緑あふれる山の中を草花や木の匂いを感じながら歩くと楽しくリフレッシュします。**私は緑という色が大好きです。そういう意味でも、私を色にたとえると緑だと思います。

❷ほかの人の言葉を入れ、客観性が増す伝え方です。答えた色と言葉の内容が合っているので、面接官がイメージしやすいでしょう。

❸自分らしさを表すような行動とたとえを結びつけているのもよいポイントです。

20

タテマエ質問

最近感動したことは何ですか?

ぶっちゃけ質問

あなた自身が体験したことで、心が動いたことを教えてください

「感動したこと」を聞くと、困ってしまい、つい「スポーツの試合を見て感動した」「映画を観て感動した」など、何かを見聞きして感動した経験を話しがちです。

しかしこの質問の意図は、「自分自身が体験して、肌で感じたことを詳しく教えてほしい」というもの。普段からどんなことに関心があり、どういうふうに感情が動くのかを面接官は知りたがっています。日常の生活の中から、心が動いた経験を伝えましょう。とくに、外見からは冷静に見える人ほど、心が動いた経験を伝えると強く印象に残ります。

逆に注意する必要があるのは、喜怒哀楽が激しい人。あまりに感情的な表現だと、落ち込みや怒りもひどいのではないかと思われてしまいます。言い方が大げさにならないように気をつけましょう。

▶ **答え方のポイント**

■ ニュースや映像などではなく、自分自身の体験を伝える

■ 冷静に見える人は、心が動いた体験を意識して伝える

■ 喜怒哀楽が激しい人は、表現が感情的になりすぎないようにする

「わかってない」と思われるありがち回答

私が感動したことは、私の母校の高校がチアリーディングの大会で全国大会に出場したことです。私が高校生で部活動を行っていたときはあと一歩のところで敗れ、全国大会に出場できたことがありませんでした。❶後輩たちのがんばりを聞いて、胸が熱くなり、心から応援したいと思いました。

❶「人から聞いた話」で自身の体験ではないため、面接官が聞きたい話ではないと思われる恐れがあります。実際に自分が体験した事例を紹介しましょう。

 面接官が思わずナットク! お手本回答

私が最近感動したことは、私がコーチとして指導をしていた中学の吹奏楽部が県大会で初めて最優秀賞を獲得したことです。私は2年前から母校のコーチとしてボランティアで演奏の指導やサポートを行っていました。初心者に一から教えて練習を引っ張っていく必要のある3年生は、後輩にどう伝えたらうまくなるのか教え方について悩んでいますので、❷私は3年生の悩みをよく聞き、自主性を重んじながら「こう伝えたらどうか」というアドバイスを心がけました。部内で練習方法をめぐって対立が起こったときも、上から指示をするのではなく、中学生自身が考え解決に向かうように質問を使って親身に話を聞き続けました。このように深く関わったので、大会での成功は❸涙が出るほどうれしい体験でした。「先輩が見守ってくれたのが大きかった」と言葉をもらい、本当に感動しました。

❷自分が行動している経験からエピソードを具体的に伝えることができています。

❸うれしい感情が面接官にも伝わってくるような表現です。ほかの人の言葉を入れているのも効果的です。

21

タテマエ質問

> **アルバイト経験はありますか?**
> **（エントリーシートに書いていない場合）**

ぶっちゃけ質問

> **書類には書いていないけれど……**
> **アルバイト経験はないのですか?**

　この質問は、「自己PR」や「学生時代に力を入れたこと」などの項目にアルバイトのことが書いていない場合に聞かれます。面接官は、アルバイトを「仕事とはどのようなものかを体験することができる、社会勉強になるもの」と位置付けているため、この質問をしてきます。アルバイト経験がなく、サークルやゼミのような集団での経験が何もないようであれば、採用側は、「組織の中でほかの人とどう接していくか」「チームで協力してどうやって事に当たるか」を考えた経験が少ないのではないか、ひいてはコミュニケーションが苦手なのではないかと思う可能性があります。

　理系の学生の場合、研究室の勉強が忙しくてアルバイトをしたことがない場合もあるでしょう。状況や理由を説明し、短期アルバイトでも経験がある場合は伝え、アルバイト以外の対人経験があればそれを話し、カバーしましょう。

●　答え方のポイント

　　（経験がある場合）短期間でも、経験がある場合は伝える

　　（経験がない場合）アルバイトをしなかった理由をきちんと伝える

　　（経験がない場合）アルバイト以外の集団や組織内での対人経験を話す

✕ 「わかってない」と思われる**ありがち回答**

はい、私は、**❶大学に入ったら経済学部の学業に専念しようと思いまして、通学に往復4時間かかることもあり、とくにアルバイトは行っておりませんでした。**

❶行っていなかった理由だけで終わらないようにしてください。「集団の中での対人経験の有無や意欲を聞きたい」という質問の意図を理解し、アルバイトをしていなかったのなら、それ以外にチームで何かに取り組んだ経験の説明を加えましょう。

◯ 面接官が思わずナットク! **お手本回答**

はい、私は、大学生活では経済学部の学業を中心に、できるだけ勉強から得るものを増やそうと考え、**❷アルバイトは郵便局での仕分けやデパートでのお中元の処理など、3週間ぐらいの短期間のものを、夏休みや冬休みに行っていました。**短期間でしたが、職場の雰囲気にすぐに慣れるように、教えてもらったことはその場で確認して作業ができるように努力していました。この経験から、ほかの人と協力して効率的に仕事をする大切さを知ることができました。

また、通学に往復4時間かかったのも、普段アルバイトを行っていなかった理由の1つです。**❸フットサルのサークル活動**にも力を入れたかったので、学業とサークル活動をいかに両立させるかを自分の課題として、通学時間を無駄にしないように、毎日予習復習の時間に充てていました。

❷短期でもアルバイト経験について説明しています。集団の仕事の中での努力や、得られたことについても伝えることができています。

❸アルバイト以外の集団での活動経験を伝えているのがよい点ですね。長くなりすぎないように気をつけている点もポイントです。

タテマエ質問

> アルバイトではどんな仕事を
> していましたか?
> (エントリーシートに書いてある場合)

ぶっちゃけ質問

> アルバイトで具体的に何が
> 得られましたか?

　エントリーシートにアルバイトのことが書いてあるのにこの質問を投げかける場合、面接官は、「どのような仕事をしていたのか」「どのように努力していたのか」を、もう少し具体的に聞いてみたいと考えています。

「アルバイトをアピールするのは、当たり前すぎてつまらないのではないか」と考える学生もいるようですが、決してそのようなことはありません。アルバイトのことでももちろんOKです。どんな体験をしたのか、そこから何を得たのかを具体的に説明できればよいのです。

　採用側は、この会社で生かせるものがあるかどうかを聞きたいと考えています。経験から得たものを遠慮なく伝えるようにしましょう。

▶ 答え方のポイント

　■ 仕事内容を具体的に詳しく答える

　■ どのような努力をしたか、そこから何を得たか伝える

　■ 「大した経験はない」などと思わず、経験したことをしっかり伝える

✕ 「わかってない」と思われる**ありがち回答**

アルバイトは、**❶コンビニエンスストアの仕事を**3年間続けています。辞めようと思ったこともありますが、今まで続けています。**❷リーダーとしてメンバーとのコミュニケーションに努力し、今**では新人の教育も任されるまでになりました。

❶「どんな仕事?」と聞かれているのに漠然とした答えです。仕事内容や、なぜ辞めようと思い、そこをどうがんばったのかについて詳しく伝えるようにしましょう。

❷メンバーとのコミュニケーションをどのように工夫したのか、よくわかりません。具体的なエピソードを説明するようにしましょう。

◯ 面接官が思わずナットク!**お手本回答**

コンビニエンスストアでの仕事を3年間続けています。在庫の品出しや管理、接客応対、レジ操作、清掃、発注などが主な業務です。「家の近くだし」と軽い気持ちで始めたのですが、**❸今は、仕事で課題に向かってどう努力するかの大切さを学べたと感じています。たとえば、メンバーの中でお客様への対応がうまくできない高校生がいました。声が小さいので、あいさつやおつりを伝えるときにも何を言っているかわからず、お客様から怒られることもあって、辞めてしまうのではないかと思いました。仕事を続けてほしいと伝え、気持ちを聞いて相談に乗り、一緒に練習もするようにしました。**そのうち声出しができるようになり、「岡さんがいてくれてよかった」と今も働き続けてくれています。**❹この経験から今では新人の教育を任されるようになりました。**

❸業務内容だけでなく、仕事から得られたものを伝えている点がポイントです。どのように努力したのか、具体的なエピソードを語っているのもわかりやすいですね。

❹仕事への取り組みの説明から、責任ある担当を任されるようになったことがわかります。面接官にあなたの成長ぶりが伝わります。

23

タテマエ質問

> ## 専攻の専門分野について説明してください（文系の人）

ぶっちゃけ質問

> ## 勉強は積極的にしていましたか?

　この質問は、「部活動やアルバイトのことはエントリーシートにぎっしりと書いているのに、学業のことはあまり書いていない人」に向けて投げかけられることが多い傾向にあります。

　面接官は、あなたが勉強に対してはどのように取り組んでいたのかを知りたがっています。とくに文系の学生の場合は、自分から課題を見つけて分析・考察したり、論理的に物事を組み立てたりする経験が少ないと考えています。受け身で講義を聞いたり、ただ暗記したりするような勉強ではなく、自分から積極的に取り組んだ経験があるのかを聞きたいのです。成績は気にせず、興味を持って能動的に取り組んだことについて語ってください。その学びが仕事にどう役立つかを伝えられるとさらによいでしょう。

- -

● 答え方のポイント

- ■ 興味を持って能動的に勉強した科目を具体的に説明する
- ■ 専門分野の内容だけでなく、取り組み方も伝える
- ■ 専門分野に対する自分の思いや、得られたものを話す

「わかってない」と思われる**ありがち回答**

はい、私は英文学科で、**❶現代のイギリスの小説から、今のイギリス人の価値観や文化と100年前のものとがどのように違っていたのかを中心に学んでいます。❷卒業論文についてはまだ決まっていない**のですが……。

❶科目の内容説明になってしまっています。自分がなぜ興味を持ったか、どう取り組んでいるのかについて詳しく伝えましょう。

❷卒論の状況を伝えなくても問題ありません。今後について、何を研究したいのか説明できるようにしましょう。

 面接官が思わずナットク! **お手本回答**

私の専攻は英文学で、その中でも現代のイギリスの小説から、今のイギリス人の価値観や文化と100年前のものがどう違い、どう変化してきたのか、イギリス人がどう思っているのかを読み解く勉強に力を入れています。もともと英語に興味があり、英語を通してほかの国々の文化や生活、思想などを知りたいと思い英文学を専攻しました。入学してからは英語を使った授業がほぼ毎日ありますが、授業だけではなく**❸普段から英字新聞を読むなど文章の意味を早くつかむ練習をしてきました**。最近では英語の本が入学時の3倍ぐらいの速度で読めるようになり、考察も深められていると感じます。**❹ 100年前のイギリスと現在では、階級制度のあり方や人々の職業もまったく違っており、環境によってものの考え方が大きく変わる**点がとても興味深いです。今後は、その部分を卒業論文にまとめたいと考えています。

❸どのように勉強に取り組んできたのか具体的に伝えることができています。

❹専門分野の学習から理解したことを詳しく説明できています。考察の方法や思いが面接官に印象深く伝わる内容です。

24

タテマエ質問

> # 趣味は何ですか?

ぶっちゃけ質問

緊張しているようだから、好きなことを話してください

この質問には、とくに重要な意図はありません。学生がひどく緊張しているようなときに、少しでも自分の言葉で話してもらえるように、ガチガチになっている雰囲気をほぐすつもりでする質問です。

この質問がきたら、自分の興味を持っていることや、好きなことを話して、少しでも緊張から抜け出すようにしましょう。中学や高校など以前のことでもよいのです。何についてどんなふうに好きなのか、どんなことをやっているのか、ひと言で終わらないように詳しく話をしましょう。

ただし、「ギャンブルが大好きです」とか、「家に引きこもって毎日ずっと1人でゲームをしています」といった内容は、聞く人によってはマイナスイメージを持たれてしまいます。「自由に話していい」とはいえ、極力、マイナスイメージを与えないような趣味を話しましょう。

▶ 答え方のポイント

- どんなことがどんなふうに好きなのか、詳しく話す
- どのように取り組んでいるのかを具体的に伝える
- 話す内容は1つか2つに絞る

✕ 「わかってない」と思われる**ありがち回答**

はい、❶**これといって趣味と言えるようなものは
ないのですが**、❷**ネットで動画を見るとか、いろ
いろなものをネットで検索するのが好き**です。

❶自分を卑下するような前置
きは必要ありません。自分の
好きなもの、興味があるもの
を１つか２つ説明してくださ
い。

❷ネット検索など「見るだ
け」のものではなく、能動的
に自分で体験するもの、取り
組むものについて伝えるほう
がよいでしょう。

 ○ 面接官が思わずナットク! **お手本回答**

私の趣味は、水泳とスイーツの食べ歩きです。
❸**小・中学生の頃にスイミングスクールに通って
いた**こともあり、泳ぐのが好きです。今は夏に海
に行ったり、月に１、２回近所のプールで泳いだ
りして、運動がてら楽しんでいます。水の中で何
も考えずにひたすら進む感覚が好きです。
スイーツの食べ歩きは、とくにソフトクリームが
好きで、いろんな種類のソフトクリームを見つけ
ては食べてみています。❹**わさびソフトや味噌ソ
フトなどご当地の面白いソフトクリームもありま
すし、お店でソフトクリームが入っているパフェ
を食べることもあります。旅行に行ったときには
たいてい、その土地の変わったソフトクリームを
探して楽しんでいます。**

❸今はあまり行っていない、
小さい頃の習い事であっても
うまく紹介できています。ど
のように好き・得意だったの
か、どのように行っているか
説明しているのもよい点です
ね。

❹ちょっとしたことですが、
人柄が感じられるエピソード
を伝えています。食べ物の種
類を具体的に入れ、積極的に
行動している様子が感じられ
ます。

25

タテマエ質問

> 5年後、10年後には
> どのようになっていたいですか？

ぶっちゃけ質問

> 仕事上の目標はありますか？

採用側は、就職することをゴールと捉えず、「入社したらこんなことがやりたい」「何年後にこういう仕事ができるようになっていたい」という目標を持って入社してほしいと考えています。自分の将来像を思い描かず、「とりあえず内定をもらえるところに入社する」人ほど、後で「思っていたのと違う」と辞めてしまう例をたくさん見てきているからです。

まだ漠然としているかもしれませんし、その通りにはならないかもしれません。しかし大切なのは「将来像を思い描く」ことそのものです。応募企業についてできるだけ調べ、会社が求めることを理解した上で、今後どんな仕事をする可能性があるのか、自分はどういう道を進んで、何にチャレンジしていきたいのかを語ってください。

プライベートな目標ではなく「仕事」を中心に答えましょう。

● 答え方のポイント

■ プライベートなものではなく、仕事上での目標を答える

■ その企業の事業内容を調べた上で、現実的な目標を伝える

■ その企業が新卒の社員に求めていることを理解した上で答える

✕ 「わかってない」と思われる**ありがち回答**

私は、御社でできるだけ長く働いていきたいと考えております。10年後には結婚して出産をしているかもしれませんが、**❶復帰して子育てをしながら責任を持って仕事にも取り組んでいきたい**と思っています。

❶プライベート中心の目標になってしまっています。どんな仕事にどのように取り組んでいきたいのか、仕事を中心に具体的に伝えることが必要です。

 ○ 面接官が思わずナットク! **お手本回答**

私は総合職として化粧品のモノづくりに携わりたいと考え応募しています。御社では、多くの部署で経験を積むことができるとお聞きしていますが、私はとくに商品企画の仕事で、自分自身が考えたことを形にして行動する力を生かしていきたいと強く思っております。**❷御社が求める高いチャレンジ精神を意識し、5年後にはできれば、自分のアイデアをプロジェクトの中で採用してもらえる存在になるよう努力していきたいです。**また、**❸10年後には、リーダー職としてチームの中で後輩とともに企画を推進し、やり遂げることができるようになりたいと考えています。その頃には結婚、出産していたいですが、子育てをしながら責任のある仕事ができる環境が御社にはある**と伺っていますので、私もしっかりと取り組んでいきたいと思います。

❷応募企業の求める人材像や仕事の種類、求めるキャリアをしっかり研究していることが伝わる回答です。

❸プライベートのキャリアについても考えていますが、まずは応募企業でどのような仕事をしていきたいかについての説明を優先している点がポイントです。

26

タテマエ質問

内定を出した場合、受けてもらえますか?

ぶっちゃけ質問

入社してほしいです。すぐに決めてもらえますか?

この質問は、最終面接でよく聞かれます。面接官は「この学生は意欲がありそうだし、経験してきたことや取り組んできたことも伝わってくるし、なかなかいい人材のようだから、内定を出したいな」と考えています。

しかし面接官は、「この学生は本当にうちの会社が第一志望なのかな」と疑問を抱いてもいます。当然、ほかの会社の選考も進んでいるはずで、「内定」と伝えたらすぐに入社を決めてくれるかどうか、第一志望としての本気度を試しているのです。「ここに決める」と言って、ほかを受けないと約束してくれるなら内定を出したいのですが、もしそうでなければ、第一志望だと言っているほかの学生を採ろうかと、天秤に掛けている質問といえます。内定を受ける場合は感謝を述べて熱意を伝え、待ってほしい場合は、さらに面接官が納得しやすい理由を加えるようにしましょう。

▶ 答え方のポイント

■ 面接の前に内定を受けるかどうか、あらかじめ答えを考えておく

■ どちらにしても感謝とともに仕事への意欲を伝える

■ 待ってほしい場合、両親との相談など納得しやすい理由を添える

「わかってない」と思われる**ありがち回答**

はい、ありがとうございます。ただ、申し訳ありませんが、**❶他社の選考で最終まで残っているところがありまして、今結果待ちです。そちらの結果が出るまでお待ちいただくことはできますでしょうか。**

❶ この答えで納得してもらうのは難しいでしょう。すべてありのままを伝える必要はありません。待ってほしい場合は、ほかの理由を伝えるほうがよいでしょう。

 面接官が思わずナットク! お手本回答

はい、ありがとうございます。そのように言っていただけて大変うれしく思っております。私も面接でお話を伺って、御社での仕事内容についてより深く知ることができました。**❷これから行っていく仕事に対して、意欲を持って取り組んでいきたいと考えております。❸両親にも改めて御社への志望を伝えてしっかり話をしたいと思いますので、お返事を明日までお待ちいただくことは可能でしょうか。**私のことを評価してくださって本当にありがとうございます。よろしくお願いいたします。

❷ 仕事への意欲が感じられる言葉をしっかり伝えているのはよい点です。

❸ 返事を待ってほしい場合、両親と相談するというのは面接官が納得できる理由です。企業側もあまり長くは待てないので、「明日まで」なら可能な範囲でしょう。

27

タテマエ質問

> ## ストレスの解消法は
> ## どんなことですか?

ぶっちゃけ質問

> ## ストレスに弱そうに見えますが、
> ## 大丈夫ですか?

　面接官があなたのストレス耐性について不安を抱いているときによく出る質問です。見た目が繊細そうだったり、適性検査でストレスに弱い傾向が出ていたりすると聞かれることがあります。

　仕事には、社運を賭けたプロジェクトでプレッシャーがかかることも、やらなければいけないことが重なることもあるかもしれません。ストレス状態からなかなか抜け出せない人だと、仕事に就いてから体やメンタルの調子が悪くなりやすい場合があります。自分なりのストレス対処法をいくつか具体的に話すようにしましょう。

　どんな人にもストレスはありますから、ストレスを抱えること自体は問題ありません。ストレスを認識した経験は素直に伝えたほうがよいでしょう。

● 答え方のポイント

　■ ストレスが多かったときの状況を長々と話さない

　■ なるべく複数のストレス対処法を具体的に説明する

　■ 自分にストレスがあると認識していると伝えるようにする

「わかってない」と思われる**ありがち回答**

私は、大学に入ったばかりのとき、授業についていけず、友だちもなかなかできなくて、❶**自分が周りから置いていかれているように感じ、落ち込んだことがありました。そこから長く抜け出せずにストレスをずっと抱えていました。**❷**結局、学校に相談し、授業のアドバイスをもらったりすることで少しずつ楽になっていきました。**

❶ストレスいっぱいだったことを細かく説明してしまっています。ストレス解消法を聞きたい質問なので、状況説明をここまでする必要はありません。

❷「普段の発散方法はないのか」と面接官に思われる回答です。運動で体を動かす、気晴らしに音楽を聞くなどの自分なりの切り替え方を答えられるようにしましょう。

面接官が思わずナットク! **お手本回答**

私なりのストレス解消法はいくつかあります。まず❸**体を動かすことです。**勉強で集中力が低下したときなどに、外を軽くジョギングするようにしています。❹**私は一見弱そうに見えるときがあるのですが、高校時代は剣道部で毎日練習して体を鍛えていました。今は部活動としての運動はしていないので、健康のためにも週に2回は必ず朝走るようにしています。**10㎞ぐらい走るので、終わったときには爽快な気分になります。
次に、❸**趣味の絵を描くことです。**小さい頃からマンガが好きで、自分でも絵を描いていました。何かストレスを感じて発散したいと思ったときなどは、一心に絵を描くことに集中すると、気分が変わってスッキリします。

❸解消法を2つ、具体的に説明できています。詳しく話しているので、「本当に好きで実際にしていることなのだな」と面接官に感じてもらえるでしょう。

❹ストレスに弱いと思われている懸念を払 拭 するような答え方を工夫できています。「こう見えて意外に〇〇だ」と伝えられると効果的ですね。

28

タテマエ質問

> 自分の性格について
> どう思いますか?

ぶっちゃけ質問

> 自己PRと印象が違います。
> 自分のことを客観的に見られていますか?

　この質問は、エントリーシートに書いてある自己PRと実際に会ったときの印象が違う場合にされることがあります。

　たとえば、エントリーシートには「人とのコミュニケーションを積極的に取り、リーダーシップがある。自信を持って人を引っ張っていく」と書いてあるのに、実際に会った感じは、表情も硬いし、声も小さい。おまけに自信がなさそうに見える、などというときです。

　面接官は「エントリーシートに書いてあることは、印象をよくしようと盛りすぎているのだろうか」「自分のことを客観的に認識できているのだろうか」という疑問を持っています。書類に書いた内容と一致する強みを、具体的な行動の事例とともに説明しましょう。ほかの人から言われる客観的な印象についてもつけ加えると、なおよいですね。

....

▶ **答え方のポイント**

　■ 応募書類に書いた内容と一致する強みを答える

　■ 自分が客観的にどう思われがちかを理解した上で説明する

　■ 自分から短所を言う必要はない

✕ 「わかってない」と思われる**ありがち回答**

（自己PRではリーダーシップをアピールしているのに）
私は**❶非常に真面目で粘り強く、コツコツと物事に取り組む性格**です。**❷半面、人と接するときに緊張してしまうため、少し人見知りだと誤解されてしまう**部分があります。

❶書類の自己ＰＲと大きく違うため、一貫性を疑われる恐れがあります。ほかの質問で書類と一致する強みを答えていなければ、まず先に、書類とマッチする内容を伝えるようにしましょう。

❷「短所」を聞かれていない場合は、自分からマイナス面を言う必要はありません。

 ◯ 面接官が思わずナットク! **お手本回答**

❸ひと言で言うと「見た目と違ったリーダーシップ」が特徴です。よく「一見話しにくそう」と言われますが、実は人と話すのが好きで、まとめ役をすることも多くあります。大学のオープンキャンパスに来場した高校生と保護者に学部の説明をする係の活動で、初対面の10名が集まったとき、最初はバラバラで会話もなかったのですが、私が全員に積極的に話しかけ、すぐに役割を決めて仕事に取りかかりました。思ったより準備することが多く、時間が割けないと不満を言う人もいましたが、高校生のためによりよいイベントにしようと説得し、説明の方法をクイズ形式にするなどみんなで工夫をこらしました。成功に終わった後「最初はブスっとしている人かと思ったけど、すごく相談しやすくて引っ張ってくれた」と言われました。**❹これからはとっつきにくい部分をもっと改善していこう**と心がけています。

❸自分が外からどう見られがちなのかを理解し、見た目の印象と実際の行動の違いをしっかり説明できています。

❹今後改善しようとしている点についても伝えることができています。

29

タテマエ質問

> どうして専攻の内容と違う営業職が
> やりたいのですか?

ぶっちゃけ質問

> 専攻が〇〇なのに、
> 何でこの仕事なのですか?(とくに理系の人)

　これは、専攻が理系の人で、技術職ではなく、営業職など全学部が応募できる仕事を志望している場合によく聞かれる質問です。「理系の場合、とくに今は人材不足で、採用したい企業がたくさんあるはず。もしかしたら学校の勉強についていけず、学部不問の営業職を受けようとしているのではないか」とか、「技術職だと常に勉強をしなくてはいけないのが大変だし、営業の仕事のほうが楽だと思っているのではないか」といった疑念を面接官は抱いており、明確な志望動機を聞きたいと考えています。

　希望の職種についてしっかりと理解した上で応募していることや、この職種をなぜやりたいのか、何をやりたいのかについて前向きな理由を具体的に話すようにすると説得力が増します。

⊙ **答え方のポイント**

　　▨ なぜやりたいのか、何がやりたいのかを具体的に話す

　　▨ 希望職種の仕事内容を調べて理解していることを伝える

　　▨ ネガティブなものでなく、前向きな理由を述べる

✕ 「わかってない」と思われる**ありがち回答**

私は、大学に入る際、数学が得意だったということで、あまり深く考えず今の学科を専攻してしまいました。**❶実際勉強をしてみて、本当は機械工学の専攻が向いていないのではないかと考え、人と話をするのが好きだという自分の特徴を生かせる営業職を志望しました。**

❶「向いていない」点を伝えるような回答になっています。それよりも、志望する仕事の中で興味を持った部分がどこなのかについて、詳しく掘り下げて説明しましょう。

◯ 面接官が思わずナットク! **お手本回答**

私が専攻している機械工学の技術を使った仕事ではなく、営業職を志望した理由は、営業という職種に大変興味を持ったためです。もともと数学が得意だったので理系の学科に入りましたが、**❷自分の興味は、工学系のモノづくりを追求することよりも、人に喜んでもらうために努力し、人と関わりながら仕事をしていくことにあると、接客販売のアルバイトを通して強く感じました。**その後**❸人生の節目の大きな買い物に携わる不動産の仕事に非常に魅力を感じ、不動産業界の仕事を調べていくうちに、御社の仕事内容を知りました。**御社の住宅販売営業の仕事で、お客様のニーズに沿ってきめ細やかな提案をしていきたいと思っております。専門は違いますが、研究で結果が出るまで地道に努力を続けた経験は営業の仕事にも生かせると考えております。

❷興味があること、やりたいことについて説明する視点で話ができています。体験を通して感じたこととして伝えているので、納得感があります。

❸ただ営業の仕事というだけでなく、きちんと応募企業について調べていることや、「応募業界の営業職」「応募企業での仕事」に興味を持っていることが伝わる表現です。

125

30

タテマエ質問

> 海外で働くことに興味は
> ありますか?

ぶっちゃけ質問

> 当社は海外勤務も結構ありますが、
> 大丈夫ですか?

応募企業に海外勤務があることを理解しているか、転勤は問題ない人なのかどうかを探る質問です。「英語を生かして仕事がしたい」とエントリーシートには書いてあっても、学生の中には、「国内の本社でないといやだ」とか「海外転勤はOKでも、欧米以外には行きたくない」という人もいるからです。

企業によっては、海外勤務のメインは欧米ではなく、中国やタイ、ベトナムなどのアジアだという可能性も大いにあります。「どこの国での勤務になるか、現時点でわからなくても問題ない」という覚悟があることを面接官に伝えましょう。

また、海外勤務は、ある程度仕事を覚えて、自立して働けるようになってからというのが一般的です。「入社してすぐ海外勤務がしたい」とは言わないように気をつけましょう。

● 答え方のポイント

■ 支社などを調べ、どんな配属が考えられるか研究した上で答える

■ 海外で生かせる強みやスキルを説明する

■「入社してすぐ海外」のような現実味のない希望を伝えない

「わかってない」と思われる**ありがち回答**

はい、できれば海外で英語を使って働きたいと希望しております。❶**とくに、アメリカやオーストラリアには留学や滞在の経験があります**ので、異文化にも柔軟に対応できます。

❶欧米以外に支社がある企業の場合、「場所は調べていないのか」と思われる恐れがあります。どこの国や地域に拠点があるのか調べた上で答えるようにしましょう。

 ## 面接官が思わずナットク！**お手本回答**

はい、海外への留学や滞在の経験で学んだ英語力を生かして仕事をしたいと思っておりますので、もちろん海外で勤務させていただきたいです。御社の説明会で、今後もグローバルに事業を進めていくと方針を伺っていますし、❷**アジア圏を中心に支社や工場を展開されていることも知っております**。私もその一員として力を発揮していきたいと志望しています。
私が滞在したのはアメリカとオーストラリアですが、❸**日本での学生生活も含め、韓国、中国、タイなど多くの国の留学生と交流し、文化や意見の違いを体験しました**。また、個人旅行で東南アジアなども訪れています。こういった多面的な経験をもとに、違う環境に柔軟に対応していけると考えます。

❷海外勤務がしたいという希望だけではなく、応募企業がアジアを中心に事業を展開していることをきちんと調べた上で志望している点が好印象です。

❸アジア文化との接触経験を具体的な国名を挙げて伝えており、異文化への対応力について、より面接官に納得してもらいやすいでしょう。

31

タテマエ質問

> インターンシップには
> 行きましたか?

ぶっちゃけ質問

> **エントリーシートには書いていないけれど、
> インターンシップには行きましたか?**

　インターンシップの経験がエントリーシートに書かれていない場合に聞かれる質問です。参加していなくてもまったく問題はないのですが、今は9割以上の人が何かしらのインターンシップに参加しているのが現実でもあり、面接官は「行かなかったのなら理由が知りたい」「行ったのならば、どんな体験だったのか聞かせてほしい」と考えています。「どうしたらいいかわからないうちに応募期間が過ぎてしまった」などの受け身の答えではなく、行かなかった場合は「行かない」という決断をした能動的な理由を説明しましょう。また、参加したのなら、違う業界の話でも構いません。なぜ参加しようと思い、そこで何を体験して今の就活に至っているのか、自分の言葉で説明しましょう。内容とともに、経験から得られたものについても伝えるとポイントアップです。

● 答え方のポイント

　■ （行った場合）参加しようと思った理由をきちんと説明する

　■ （行った場合）内容やその経験から得られたものを伝える

　■ （行かなかった場合）納得できるような理由を伝える

✕ 「わかってない」と思われる**ありがち回答**

いいえ、行っておりません。❶行こうかと考えた**ときには、学校の募集が終わってしまっていたこともあり、その後はとくに応募しませんでした。**

❶受け身でなかなか行動しない人なのだなと思われてしまう答えです。参加を検討した業界を伝え、勉強が忙しかった、など行かなかった理由を説明するようにしましょう。

◯ 面接官が思わずナットク!**お手本回答**

はい、学校の授業や卒業論文の準備のため、長期のインターンシップには参加できなかったのですが、実際に働く企業の方の仕事を少しでも体験したいと思い、夏に2日間のインターンシップに1社、秋に1日のものに2社参加しました。❷い**ろいろな業界の仕事内容についてより深く知りたいと考えておりましたので、1社は製造業、1社は商社、1社は広告代理店の体験をしました。**現場の仕事を見学させてもらい、その企業の商品やサービスをプレゼンテーションするグループワークを行うなど、少しですが業務の雰囲気を感じることができました。その中で❸**自社の商品に誇りを持ち、仕事にやりがいを感じている製造業の方のお話を伺い、自分も自信を持って商品を提供する製造業の仕事に就きたいと考えるようになりました。**

❷インターンシップの段階なので、まだ企業や仕事研究の目的で問題ありません。自分が参加したかった理由について明確に説明できているのがよいポイントです。

❸応募企業と同業種での経験を志望動機につなげて伝えることができています。異業種の場合は、仕事についてどう感じたかなど、体験から得られたものを伝えるとよいでしょう。

32

タテマエ質問

> ○○の資格を持っていますね?

ぶっちゃけ質問

> なぜ、その資格を
> 取ろうと思ったのですか?

　その資格をなぜ取ろうと考えたのか、取得までにどのような努力をしたのかについて知りたいときに聞く質問です。とくに、応募書類に書いてある資格の難易度が高かったり、応募企業の仕事にはあまり直結しない資格だったりする場合に聞かれることが多くあります。「この資格がより役立つほかの業界を受けていて、そちらが志望なのではないか」と気になっているのです。その疑念を払拭するために、資格を取得しようと思った理由を説明し、応募企業の仕事にどう生かせるかを伝えましょう。

　また、資格取得に向けてどんな勉強をしたのか、勉強の仕方をどう工夫したのかについても面接官は知りたがっています。その経験が仕事にも役立つはずだと考えるからです。具体的に努力したプロセスを説明するとアピール度が増すでしょう。

- - - - - - - - - -

▶ **答え方のポイント**

　■ なぜその資格を取ろうと思ったのか、理由を説明する

　■ 取得に向けて努力したことを具体的に伝える

　■ 仕事にどのように生かそうと考えているか伝える

✕ 「わかってない」と思われるありがち回答

はい、2年生のときから勉強し、3年生の秋に取得しました。**❶私は英文学科なので、経済学部などの人に比べて、あまり勉強でアピールできるものがありません。**就職活動のときに書類に書ける資格がほしいと思い、取得しました。

❶本当にアピールすることがないのでしょうか？　どの学科でも、努力した行動について伝えることはできるはずです。資格をなぜ取得しようと思い、何に役立てたかったのか説明するようにしましょう。

 〇 面接官が思わずナットク! お手本回答

はい、英文学科のため、もちろん英語の勉強にも力を入れましたが、**❷私は企業に就職しビジネスをしたいと思いましたので、大学の授業以外にどんな勉強が将来役立つかを調べました。そのときにお金の流れや会社の経営全体の知識が身につく簿記のことを知り、勉強してみようと思いました。**まず独学で3級を取得し、2級も独学で取ろうとしましたが、まったく歯が立ちませんでしたので、簿記2級の講座をオンラインで3カ月受講しました。学校の勉強やアルバイトもありくじけそうになりましたが、**❸半年間はがんばろうと毎日1時間、休みの日は半日を勉強に充てて、**昨年の11月に取得できました。簿記の勉強をしたことで、漠然としかわからなかった企業の事業内容について関心が湧くようになり、決算書などを見る知識もつきました。志望しているコンサルティングの仕事にも役立てていきたいと考えています。

❷資格を取ろうと思った理由をしっかり説明できています。企業での仕事と結びつけて伝えているのもよい点です。

❸目標に向けてどのように努力したのか、取り組みを数字も添えて具体的に伝えています。

33

タテマエ質問

> ## 希望の職種でなくても
> ## 大丈夫ですか?

ぶっちゃけ質問

> ## 内定を出したら本当に入社しますか?

　3次面接や最終面接など、後半の段階の面接でよく聞かれる質問です。開発や企画の仕事、営業の仕事、ＩＴ系の職種、人事や総務のような事務系の職種など、企業には多くの部署や職種があります。必ずしも希望する部署に配属されるとは限りません。新卒の総合職の場合、適性や人員が足りない部署を見ながら配属を決めるため、最初から希望の職種に就くことが難しい場合も多いでしょう。その点を理解しているかどうかを確認する目的がこの質問にはあります。

　面接官は、内定を出すかどうか決める段階において、職種がすぐに希望通りにならなくても、本当にこの会社に決めて入社してくれるかどうかを知りたいと考えています。与えられた役割で長期的にがんばる意欲を交えて話しましょう。

▶ 答え方のポイント

■ 大丈夫であることをその理由を添えて説明する

■ この企業の職種や配属の状況を調べた上で話す

■ 希望通りにならなくても、受け入れて努力することを伝える

「わかってない」と思われる**ありがち回答**

そうですか（ちょっとがっかりしている様子が見える）。もちろん、配属先は希望通りにはならないかもしれないことは承知しています。できましたら、❶**どのぐらいの確率で希望通りにならない可能性があるのか教えていただけないでしょうか。**

❶面接官に「現実的な配属先を調べていないな」と思われる回答です。希望通りにならなかった場合でも、長期的に努力していこうとする意欲を伝えるとよいでしょう。

 面接官が思わずナットク! お手本回答

はい、大丈夫です。❷**御社で働いている方からも、必ずしも希望の職種にはならないということを伺いましたので、**承知しております。私は将来、できれば御社の商品開発や企画に携わりたいと希望していますが、そういった仕事に就くには御社の商品やビジネスの内容をもっとよく知ることが必要だと思います。内定をいただくことができましたら、入社前の期間もできるだけ商品の勉強やマーケティングの勉強をすることに努めます。また、❸**配属先がほかの部署になった場合も、御社で仕事をさせていただくことが第一の目標なので、まずは与えられた仕事の経験をしっかり積み、やるべきことを精一杯行っていきたいと**思います。そして、希望の職種については、長期的な目標として、努力していきます。

❷「応募企業の人から聞いた」と、理解している理由を伝えているので納得感があります。

❸配属が希望通りでなかった場合についても、地に足のついた現実的な仕事のイメージを持っていることが伝わります。面接官にも「これなら大丈夫だ」と思ってもらえるでしょう。

133

34

タテマエ質問

なぜこの業界を志望したのですか?

ぶっちゃけ質問

もしかして事業内容より、
働き方で選んでいませんか?

　企業への志望前に「そもそも業界自体に興味を持っているのか」「事業内容を理解して応募しているか」を知りたがっている質問です。事業内容や仕事そのものに興味があるわけではなく、「安定している」「給与や働き方の制度が整っている」「ほかの業界に比べて収入が多そうだ」など、待遇面の魅力にひかれて志望しているのではないかという点を、面接官は確認しようとしているのです。業界の今後の課題を調べたり、実際にOB・OGに会ったりして、仕事について研究していることを説明しましょう。

　もちろん採用側としては、「なぜこの会社を志望したのか」は最も聞きたい部分です。しかしその前に、「入社して取り組む事業の内容自体に興味がなければ、仕事が続かない」とも考えています。業界についてきちんと理解していることも伝えるようにしましょう。

⊙ 答え方のポイント

　■ 業界研究を踏まえて、事業内容のどこに興味があるかを伝える

　■ 業界の中でなぜこの企業なのかを伝える

　■ 業界全体と応募企業両方の志望理由をバランスよく答える

✕ 「わかってない」と思われる**ありがち回答**

私はまず、大学で御社の方のお話を聞き、やりがいを持って働けそうな会社だと興味を持ちました。その後、御社の説明会に参加して、入社3、4年目の方が、生き生きと仕事に打ち込んでいらっしゃる様子を見て、私もこの会社で働いていきたいと強く思うようになりました。**❶業界ということではなく、御社だからこそ入社したいと志望しました。**

❶質問の意図をわかっていない答えになってしまっています。まず企業ではなく、「業界」に対しての志望理由や理解している点について説明することが必要です。

 ## ◯ 面接官が思わずナットク! **お手本回答**

私は、まず、大学で御社の方のお話を聞き、やりがいを持って働けそうな会社や業界だと興味を持ち、ガス会社の事業や仕事について研究するようになりました。**❷ガス事業は公共性が強く、人の役に立つ重要な事業であることや、今大きくビジネスが変化し電力会社などとの競合が盛んになっていることを知り、日本全体の将来のインフラに自分も関わっていきたい**と思うようになりました。その後、**❸御社の説明会に参加して、入社3、4年目の方が誇りを持って仕事に打ち込んでいらっしゃる様子を見て、**私も社会の改善に貢献する仕事ができるこの会社で働いていきたいと強く志望するようになりました。私の、問題点を見つけ解決に向けて地道に行動する力をぜひ御社で生かしたいと思います。

❷応募業界をしっかり研究していることが伝わる回答です。社会貢献的な面の熱意だけではなく、この業界の現状やビジネスに対する思いを説明しているのもよい点です。

❸なぜ業界の中でこの企業なのか、応募企業の志望理由も説明できています。業界全体と応募企業の志望理由両方についてバランスよく答えているのがポイントです。

35

タテマエ質問

> チームではどんな役割が
> 多いですか?

ぶっちゃけ質問

> **チーム内でどんな働きをしたのか、**
> **具体的に教えてくれますか?**

会社は組織で成り立っており、多くの仕事はチームで行われます。組織の中での自分の役割に責任を持って目標に向かうことが求められますので、集団の中でメンバーとどのように協力したのか、意見の違う人を説得したり、後輩を指導したりした経験があるのか、面接官は聞きたいと考えています。

学生の中には、よく、「私はリーダーシップを発揮するのが得意ではない」という人がいますが、必ずしもリーダーの経験でなくてもよいのです。ただ、「言われたことを何も考えずにそのままやった」というような内容ではなく、「チームの中でどんな役割を果たしていたのか」「チームのためにどう工夫して動いていたのか」を具体的に説明するようにしましょう。

● 答え方のポイント

- どのような役割が多いのかを具体的に説明する
- どんな集団でもよいので、チームで取り組んだことを話す
- 自分1人ではなく、ほかの人と一緒に取り組んだことを伝える

✕ 「わかってない」と思われる**ありがち回答**

私は、学科の教授のティーチングアシスタントを1年間務めました。最初は教授からやるべきことがわかっていないと指摘されたり、失敗したりすることが多かったのですが、**❶自分がわかっていないと後輩に説明できないと思い、復習しました。**その後は後輩からも「わかりやすく説明してもらえる」と感謝されるようになりました。

❶「自分1人で努力したこと」の説明になっています。教授と自分、自分と後輩など、「チーム」で取り組んだことへの努力を具体的に伝えるようにしましょう。

○ 面接官が思わずナットク!**お手本回答**

❷私がチーム内での役割で意識しているのは、必要に応じてすぐ改善を呼びかける役です。1年間、学科の中で教授のティーチングアシスタントを3名で務めました。最初は教授からやるべきことがわかっていないと指摘され、失敗をすることが多かったのですが、自分が内容をわかっていないと後輩に説明できないと思い、**❸ほかのメンバーに呼びかけて授業の復習や見直しの勉強会を実施しました。また、共有ノートを作り、アシスタント実施時に気づいたことや、教授からの依頼、フィードバックなど気になることを書きこむようにしました。その後、思ったときすぐ書けるようSNSも利用し、グループを作って情報交換しながら進めました。**その結果、数カ月後には後輩からも「どのアシスタントの人に聞いてもわかりやすく説明してもらえる」と感謝されるようになりました。

❷「役割は何?」という質問に結論から答える、わかりやすい伝え方です。「リーダー」「2番手」のような表現ではなく、役割の内容を説明しているのもよい点ですね。

❸ほかのメンバーとの協力について、自分1人の取り組みではなく、「チームでの行動」を詳しく具体的に説明できています。

36

タテマエ質問

苦手なタイプの人はいますか？

ぶっちゃけ質問

どんな人がストレスで、そういう人には どのような対応をしますか？

　入社すると、多様な年代、考え方、価値観の人と一緒に仕事をすることになります。話し方やものの見方など、あなたが今まで接したことがないタイプの人もいることでしょう。今までは避けてきたタイプの人と関わっていかなければならないかもしれません。そのような状況になったとき、逃げずに柔軟に対応しようとする人かどうかを聞きたいのがこの質問です。

　苦手な人がいるのは自然なことです。それ自体はまったく問題ありません。ただ、苦手な相手を避けるだけではなく、向き合って理解する努力をしようとするかどうかが大切です。苦手な人に対し、今までどのように対応しようとしたのかを具体的に説明しましょう。また、ほかの人の客観的な意見を受け入れられるかどうかも重要なポイントです。向き合ったことで気づいた、自分の改善点についても伝えられるとよいですね。

▶ 答え方のポイント

■ 苦手な人との向き合い方で、努力したことを具体的に伝える

■ 客観的な視点を持って答える

■ 自分がどう変わる必要があるのか、気づきを話す

✕ 「わかってない」と思われる**ありがち回答**

そうですね。私は、自分の意見をはっきり主張してどんどん攻撃するように話してくる人には苦手意識があります。**❶アルバイト先でクレーム対応をしたときに、そういうお客様がいてすごく怒られたことがあります。**

❶状況説明で終わらないようにしましょう。苦手な人への接し方の工夫や、捉え方を変化させたなど、自分の努力についての説明をプラスしましょう。

 ◯ 面接官が思わずナットク! **お手本回答**

私は自分の意見をはっきり主張してどんどん攻撃するように話してくる人に少し苦手意識があります。飲食店でのアルバイトで、実際にはお客様の勘違いだったのですが、お客様から自分の主張が正しいと強く言われてうまく対応できなかったことがありました。店長からは「そういう方もときにはいるし、自分の意見をわかってほしいと強く思っているだけだから、別に小川さんのことを攻撃しているわけじゃないんだよ」と言われ、**❷自分自身を非難されているように感じ、対応に自信がなくなっていたこと、自分の視点に固執していたことに気づきました。**それからは、**❸注文のことや、店のポイントシステムのことなどをしっかり見直すようにしました。強く主張してくる方がいても、落ち着いてお話を聞き対応するように努力しています。**店長からも「だいぶ自信がついてきたね」と言われるようになってきました。

❷「自分の視点の偏りに気づいた」と伝えているのは、柔軟性のアピールにつながり、よいポイントです。

❸苦手な人ともしっかり向き合い、努力している姿勢を伝えられています。ほかの人からの客観的な言葉を添えているのも効果的ですね。

37

タテマエ質問

身近な社会人でこういう人に
なりたい、と思う人はいますか?

ぶっちゃけ質問

どんな人を目指していて、
どんな価値観を持っていますか?

　面接官がこの質問をするのは、その人のどこを尊敬していて、その人の考え方や姿勢、物事への取り組み方のどの部分がよいと思っているのかを知りたいためです。これは、「自分が今後どういう生き方や行動をしたいと考えているのか」「どのような価値観を大切にして仕事をしたいと思っているのか」に通じるものだからです。

　また、「身近な社会人」と聞いていますので、アルバイト先の上司や社会人として仕事をしている先輩など、自分自身が、その人の行動の仕方や具体的な努力などについて理解している人のことを理由を伝えながら説明するようにしましょう。両親、兄弟なども可ですが、できれば幅広い視野を持って他者について観察している点をアピールできるとよいでしょう。

● **答え方のポイント**

■ アルバイト先の社会人など実際の行動を知っている人の中から答える

■ 仕事への姿勢や行動、価値観などの目指したい点を伝える

■ なぜそのように考えるのか、理由を具体的に伝える

✕ 「わかってない」と思われるありがち回答

そうですね。**①目指したい人は祖母です。** 私の祖母は母や叔父を育てて今は楽しく自分の趣味の活動をしていたり、祖父と仲良く生活しています。**②私も祖母のように家族と仲良く、高齢になっても幸せに生きていきたい**と思います。

①家族を答えてもよいですが、言うとしても仕事をする姿勢や人生で共感できる価値観などについて伝えるようにしましょう。

②これから働く場へのアピールなので、漠然とした表現ではなく、その人のどのような取り組み・姿勢などについて、自分はどのように目指したいと考えているのかもっと具体的に話しましょう。

 ○ 面接官が思わずナットク! お手本回答

私の身近な人で、こういう人を目指したいと思う人は、アルバイト先のコーヒーショップの社員の方です。私は2年ぐらいこの職場で働いているのですが、この方はいつも明るく笑顔を絶やさずにお客様に対応していらっしゃいます。**③**一度「どうしてそんなにいつも笑顔でいられるのですか? 悩みや大変なこともあるのでは?」と聞いてみたことがあります。その方は「それはもちろんあるけれど、でも**お客様と接して、お客様と一緒にお店を作っていくことができるこの仕事が私は好きなので、楽しんでやっているから**だと思う」とおっしゃっていました。また、**④私の仕事の悩みや将来のことなども真剣に聞いて相談にのってくれ、どんなスタッフにも公平に親身になって接し、必要なときは厳しく注意してくれるところも目指していきたい姿勢です。** 私も社会人になったらこの方のようになりたいと思っています。

③どんなことがきっかけでどんなところを目指したいと思うようになったのか説明し、この場だけの言葉ではないことが伝わってきます。

④目指したい理由を詳しく伝えており、面接官にも大切に思う価値観が理解できる回答です。仕事と結び付けて説明できているのもよい点です。

38

タテマエ質問

学業以外で力を入れたのは
どんなことですか?

ぶっちゃけ質問

勉強以外の活動はしなかったのですか?
勉強以外の話も聞きたいです

　エントリーシートの「学生時代に力を入れたこと」にも「自己ＰＲ」にもほとんど勉強のことが書いてある人に対してよく聞かれる質問です。文章も論理的で、具体的に説明できており、努力家の優秀な人なのだろうということがシートから伝わってくる半面、「サークル活動やアルバイトのような活動は全然していなかったのだろうか」と面接官は気になっています。

　勉強は基本的に、１人で行う取り組みです。それとは別に、ほかの人と一緒に何かを行った経験があるかどうかを採用側は知りたいのです。いろいろな人と交流を持った経験がゼロでは、会社組織でうまくやっていけない恐れもあります。勉強以外の面ではどのようなことに興味を持っていたのか、対人的な経験はどのくらいあるのかについて、具体的に伝えるようにしましょう。

▶ 答え方のポイント

■ 大学以外の勉強もすべて除いた「学業以外」のことを答える

■ 興味を持って積極的に取り組んだことを話す

■ できるだけ、ほかの人と一緒に行うような活動を答える

✕ 「わかってない」と思われる**ありがち回答**

私は、大学に入ったときに、できるだけ勉強に力を入れてよい成績を取ることを目標としていたので、❶**専門の勉強以外に力を入れたことは、資格の勉強です。** 就職に役立つように英語の力をつけようとTOEICの勉強をしていました。また通学時間が片道1時間半以上と家が遠かったこともあり、サークルなどには入っていませんでした。

❶「勉強」のことを話しているため、面接官が聞きたい内容ではなくなっています。趣味などでもよいので、勉強以外のことを説明するようにしましょう。

◯ 面接官が思わずナットク! **お手本回答**

❷**私が学業以外で力を入れたことは、ボランティア活動と高校時代から続けている趣味のカメラ撮影です。** 祖父が体を壊し介護をする必要があったため、高齢者の方との触れ合いやお世話をすることに関心を持ち、老人ホーム訪問のボランティアに加わるようになりました。❸**最初はお年寄りに大きな声でゆっくり話すことがうまくできなかったのですが、サポートした方からお礼を言っていただけるようになってやりがいを感じ、できるだけ声を出して笑顔で対応することができるようになりました。** 1年経った今では、手早く作業を行いながらお年寄りに笑顔であいさつしています。カメラの撮影は、高校時代に写真部に所属しており、今でも楽しんでいます。公園で自然を撮影したり、友人の何気ない表情を引き出したりするのが好きです。高校時代の友人と、撮影したものを展示する写真展も一度開きました。

❷いろいろな活動をしている自分を多面的に知ってもらうために、2種類の活動に触れているのがポイントです。

❸対人面でアピールできることを具体的に話せています。面接官の質問の意図を理解できています。

39

タテマエ質問

> 弊社への就職について、
> ご両親は何と言っていますか?

ぶっちゃけ質問

> 親の反対で内定を断るようなことは
> ありませんよね?

　本人が希望していても、「有名企業ではない」「もっといいところがあるんじゃないか」「もっと安定している業界がある」などと親が反対した際、自分の希望を曲げて内定を辞退することを危惧した質問です。大手ではなく、名前も一般的によく知られているわけではない企業の最終面接で聞かれる場合があるでしょう。

　最終面接の段階になったら、面接の前に、両親に自分の志望をきちんと話してから臨むようにしましょう。「親に逆らえない」「反対されるから話すのを避けたい」など、親子のコミュニケーションがうまく取れていない家庭の学生ほど、後で辞退することが多いと面接官は感じています。家族には納得してもらっていることを、理由とともに伝えるようにすると、面接官は安心します。

● 答え方のポイント

■ 親に就活の状況をきちんと話してから面接に臨む

■ 入社したいことを両親が納得済みであると伝える

■ 自分の志望の高さについて詳しく伝える

✕ 「わかってない」と思われる**ありがち回答**

とくに何も言っておりません。私は、実家から離れて1人暮らしをしておりますし、**❶就職活動でどの企業を受けているかなどの細かい話はしていませんので、御社についてもまだとくには伝えていません。**

❶「両親に反対されるので話していないのではないか」と思われてしまう回答です。選考が進んでいる志望企業については、面接前に思いや考えを家族に伝えておくようにしましょう。

 ◯ 面接官が思わずナットク! **お手本回答**

❷両親には、この面接に選考が進んでから御社を志望していることを話しました。私が人材業界に強く興味を持っていることや、人の成長やキャリアを支援する仕事がしたいと思っていることをオンラインで話し、**❸登録者の方々への御社のきめ細やかなサポートの内容や、人を扱う企業だけに、自社の人材の成長にもとても熱心に取り組んでいることなどを伝え、御社で働きたい意思を伝えました。**両親は、最初はあまりなじみのない会社だと思ったようですが、今は、私が行きたいと思っている会社であれば、応援すると言ってくれています。正直なところ、忙しくて会って話すことができていないので、今度実家に帰り、きちんと話をしてきたいと考えております。

❷事前に話をしていることや、「志望している」と話していることが伝わり、面接官が安心する答えになっています。

❸応募企業に対するあなたの思いが伝わってきます。具体的に会社のことや仕事内容について両親に話している様子に企業側も納得度が高まるでしょう。

40

タテマエ質問

> 体力に自信はありますか?

ぶっちゃけ質問

> 仕事がそれなりにハードなことを
> 理解していますか?

　この質問は決して、「肉体を使うハードな仕事」や「残業が長い仕事」の企業だけがするわけではありません。ごく一般的に聞かれる質問です。見た目がスリムで、体力がなさそうに思えたり、あまり運動をしているように見えなかったりすると、より聞かれる傾向にあります。総合職の新卒の配属先が営業職となる企業も多くあります。営業職は取引先を訪問する頻度が高く、荷物を持って歩きますし、出張もあります。ある程度の体力が必要になるわけです。体が弱いのは採用側としても困ってしまうのです。

　どんな仕事もハードなものであり、体の丈夫さは大事だと理解しているとしっかり伝えましょう。また、普段から食生活や運動などに気を配っていることや、見た目と違って体力には問題がないことを具体的に話せると面接官の心配も払拭されます。

● 答え方のポイント

　■ 体力的に問題ないことについて理由を添えて答える

　■ 仕事とはハードなものだと理解していることを伝える

　■ 健康面に留意して生活していることを具体的に伝える

✕ 「わかってない」と思われる**ありがち回答**

はい、**❶ずっと立っている仕事などでなければ、一応普通に問題はないと思います。**

❶漠然とした表現に聞こえます。面接官は「華奢(きゃしゃ)に見えること」などが気になって質問している恐れがありますので、問題がない理由をきちんと話し、大丈夫であることをアピールしましょう。

⭕ 面接官が思わずナットク! **お手本回答**

はい、大丈夫です。今は運動部などには所属していませんが、小学生の頃から水泳をやっていました。**❷今も時々気晴らしに近所のプールに泳ぎに行きます。そのせいか、ここ何年も風邪を引かずに過ごしてきました。**見た目は細く見えるかもしれませんが、意外と丈夫です。また、居酒屋でアルバイトをしているので、重いものを持ち運ぶのにも慣れています。

最近とくに心がけていることは、バランスのよい食事を取ることと、毎日運動をすることです。もうすぐ社会人になりますし、今以上に時間がなくなるかもしれませんので、**❸仕事に就いたときのために、今のうちから野菜をしっかり食べることや、毎日スクワットを100回することを習慣にしようと思い、実際に行っています。**

❷面接官が気にしていることを察し、しっかり説明できています。「水泳をしている」「風邪を引いていない」など、大丈夫だという具体的な根拠を話せています。

❸仕事に就いた後のことを考え、準備していることが具体的に伝わる表現です。

147

41

> 今の学部を選んだ理由は
> 何ですか?

ぶっちゃけ質問

目的を持って入学しましたか?

　なぜその専攻を選んだのか、何を目的として大学に入学したのかを聞きたい質問です。

　もちろん、深く考えずに何となく大学や学部を選んでしまった人もいることでしょう。その場合は「入学してから大学で何を目標にしたのか」「その目標は果たせたのか」を伝えてくれればOKだと面接官は考えています。

　目的を持って学部を選んだ人は、その後どのように努力したのか、結果として何を得たのかを伝えましょう。とくに「学業の中で一貫して努力してきたもの」と「就職で目指しているもの」の軸が結びついていると、大きな説得力があります。

　途中で方向性を変えることを決めた人は、それはなぜなのか、そこから努力したことは何なのかについてきちんと説明しましょう。

- -

▶ **答え方のポイント**

　■　どのような目的意識を持って進学したのかを伝える

　■　進学時にとくに目的がなかった人は、入学後の目標を答える

　■　学業への取り組み、その結果、目的は果たせたかについて伝える

✕ 「わかってない」と思われる**ありがち回答**

❶正直なところ第一志望の大学に合格することができず、受かった大学に入りました。ただ、専攻した学部は同じで、❷私は英語を使う仕事がしたいと思い、英語を中心に勉強しようとこの学部を選びました。

❶今の大学で学んだ目的がよくわからない答えになっています。受験の失敗をどう反省し、何を目標に大学で学ぼうとしたのか、しっかり説明するようにしましょう。

❷学部選択の理由で終わらないようにしましょう。どんな仕事に就きたかったのか、英語の勉強にどのように努力したのか、目標にしたことは果たせたのか詳しく伝えましょう。

◯ 面接官が思わずナットク! **お手本回答**

私は、第一志望の大学に合格することができず、今の大学に入学しました。将来海外と関わる仕事がしたいと英語力を磨く目的で学部を選んでいたので、今の大学に入学したとき、国際学部で❸第一志望の大学で学ぶのと引けを取らないような英語の力を必ず身につけようと決意しました。また、海外と関わる仕事の中でも物流の仕事がしたいと考え、TOEICと通関士の資格を取ることを目標に必死で勉強に取り組みました。英語は授業で外国人講師と会話を続け、毎日問題を解く時間を作りました。その結果3年間でTOEICの点数を300点上げることができました。通関士は大学の中で授業外の講座を積極的に受講し、今まで2回受験しました。まだ合格に点数が足りませんが、次回は必ず取得します。❹志望の大学に入れなかった経験の後、目的に向かって努力し続ける力を得ることができたと感じています。

❸大学入学後、目標を定めて学業に努力してきたことを説明できています。具体的な仕事に結びつく資格に対しての取り組みを伝えているのもよい点ですね。

❹経験から学んだこと、得たことまで伝えており、面接官により強くアピールすることができています。

42

タテマエ質問

同業界の中で、
なぜ弊社を選んだのですか?

ぶっちゃけ質問

業界研究・企業研究をしっかりと
行っていますか?

　金融業界など、業界内での差別化が難しい企業ほど聞いてくる傾向にある質問です。

　学生は数多くの同業他社にも応募しているだろうと、採用側ももちろん理解しています。それでも、どのような点が同業他社よりもよいと考え、自社に応募してきているのかを聞きたいのです。

　同じ業界だからといって、どの会社にも同じ志望動機を伝えるのではなく、志望企業の事業内容や方針、仕事の仕方、姿勢などを調べた上で応募してほしいと面接官は考えています。

　志望度が高い企業なら、面接の前にOB・OG訪問をしておくことをお勧めします。他社との違いを明確に理解していることがわかるように伝えるとよいでしょう。

▶ 答え方のポイント

　■ なぜこの業界なのかを伝える

　■ 同業他社と志望企業についてよく調べた上で答える

　■ どうしてその企業なのか、他社との具体的な違いに言及する

「わかってない」と思われるありがち回答

私が、御行を志望する理由は、**①金融業界に興味を持ち、お客様の暮らしにお金というものを通して役に立ちたい**と考えたからです。**②私は説明会でお聞きした御行の経営の理念、サービスに大変興味を持ちました。** 私も御行で働きたいと強く思っております。

① 漠然としていて、なぜ金融業界なのか、その中でなぜ応募した銀行なのか、よくわかりません。他社との違いについて、もっと研究し詳しく伝えましょう。

② 説明会で体験したことを題材に話すのはよいのですが、これでは省略しすぎです。どのような理念、サービスにどう興味を持ったのか、具体的に説明しましょう。

 面接官が思わずナットク! お手本回答

私は、企業や顧客の方に融資という形で大きな支援ができ、やりがいを持って働ける銀行の仕事に就くことを志望していますが、その中でも御行でぜひ働きたいと思っております。**③その理由は、御行がリテール営業に強みを持っており、自分の人柄を伝えてお客様との個々の信頼関係を結び、長くおつき合いを続け、サポートしていくことができると考えたからです。** また、**④御行で勤務されている OB の方にお会いし、お話を伺ったところ、同期や先輩などもモチベーションが高く向上心のある優秀な人が多い**とのことで、私もそのような中でよい意味で刺激し合いながら仕事で成長を重ねていきたいと考えました。**④御行での仕事は常にお客様のために勉強をしていく必要がある**とお聞きしています。コツコツと努力できる私の強みを生かし早く業務で貢献できるようになりたいです。

③ なぜ他行ではなく、応募した銀行を志望するのか、具体的に応募企業の特徴について説明できています。

④ OB訪問を行い、実際に働く人からしっかりと話を聞いて研究していることが伝わってくる内容です。

43

タテマエ質問

> 説明会で興味を持った点は
> どんなところですか?

ぶっちゃけ質問

興味を持って聞いてくれましたか?

　面接官は、「自社の説明会のどのような点が印象に残っているのか」「どのような感想を持ったのか」を詳しく聞かせてもらいたいと考えています。それが「自社についてどのぐらい関心があるのか」「志望度が高いのか」を見るバロメーターになるからです。あまり志望度が高くないと、たとえほめ言葉であっても、「どの会社に対しても言えるような一般的な感想・印象」しか返ってこないことを面接官は知っているのです。

　学生の関心が高ければ、事業内容や仕事面、教育制度、キャリアアップについての感想を具体的に説明してくれたり、同業他社との違いで気づいたこと、話を聞いて志望が変化したことなどを話してくれたりするはずだと面接官は考えています。説明会に参加することで理解できたことや、志望度が増したことについて伝えるとよいでしょう。

▶ **答え方のポイント**

　■ 事業内容や仕事内容について答える

　■ ホームページではわからないことで新たに理解できた点を伝える

　■ 説明会に参加して志望度が増したことを伝える

「わかってない」と思われるありがち回答

私は、御社の説明会で話を聞いて、**❶新入社員に対しての教育制度がしっかりしている点が一番印象に残りました。御社ではメンター制度というものがあり、1年間フォローアップを細かくしていただけるとお聞きし、成長しやすい環境が整っていると感じました。**

❶制度についての感想になっているため、応募企業の事業内容や仕事内容にあまり興味がないのかと思われてしまいます。まずは事業や仕事の内容について答えるようにしましょう。

 面接官が思わずナットク! お手本回答

私が御社の説明会に参加して最も印象に残ったのは、思っていたよりもずっと多様な事業を展開していらっしゃるという点です。**❷ホームページでもある程度理解はしていたのですが、実際に社員の方がどのように新規のプロジェクトに関わっていくものなのか、現場の方の働き方を直にお聞きすることができたため、より臨場感を持つことができました。**また、御社の教育制度が充実しており、新入社員のときだけではなく、キャリアに応じて自分の学びたい内容を希望して勉強するしくみがあること、グループ会社も含む多くの事業の経営などにも、将来的には手を挙げて関わることができることを知り、**❸チャレンジしがいがある仕事だと、説明会に参加する前と比べて認識が変わり、とても興味が増しました。**

❷ホームページではわからないことを理解できたと伝えているのはよいポイントです。説明会の直後に、新たにわかったことを忘れないよう整理しておくとよいですね。

❸説明会参加前と後で、志望度がどう変わったか、プラスの変化を伝えられています。

44

タテマエ質問

英語はどの程度できますか?

ぶっちゃけ質問

英語がどのくらい使えて、それを使って どんな仕事をしたいのですか?

　英語専攻の学生や、エントリーシートに英語の資格を書いている学生、英語力についてのアピールを記入している学生に対し、「実際どれぐらい英語を話せるのか」を聞く質問です。海外に事務所がある企業や、取引でこれからますます英語が必要になってくる企業にとっては、とくに関心がある点です。

　資格を持っていて読み書きはできても、実はあまり話せない、という人は大勢います。語学はそうすぐに身につくものではないので、現時点でできる人が有利なことは間違いありません。どんなふうに身につけたのか、どれぐらい話せたり聞けたりするか、詳しく説明しましょう。また、英語を使って、この会社でどのような仕事をしたいと思っているのか、仕事と関連づけて伝えるようにするとよいでしょう。

▶ 答え方のポイント

　■ 取得資格やスコアだけでなく、実際どの程度使えるか説明する
　■ 英語をどのように身につけてきたのか、取り組み方を伝える
　■ その企業のどのような仕事で生かしたいかを伝える

「わかってない」と思われる**ありがち回答**

私は、高校生の頃から将来英語を使った仕事がしたいと思い、英検を取得しました。また、**❶大学でも英語に力を入れ、TOEICの勉強をして730点のスコアを取ることができました。**

❶質問の意図を理解せず、点数や資格の説明になっています。実際にどのように使うことができるのか、会話のレベルなどをもっと具体的に説明しましょう。

 ## 面接官が思わずナットク!**お手本回答**

私は高校の頃から英語が好きで、将来英語を使った仕事がしたいと思い、まず英検2級を取りました。大学でも使える英語のスキルを身につけたいと、専攻の経営学にプラスして英語の学習に努力しました。**❷留学生のサポートをするボランティアを行い、英語で話す機会を作り、TOEICのリスニングの問題をインターネットを使って何度も解くようにしてスコアを伸ばしました。留学費用を用意するのは難しかったので、その代わりにオンラインで海外の友人や英会話を教えてくれる講師の人と週に2回会話の練習を2年間続けています。今はビジネスレベルの会話や英語の電話応対もできるようになってきました。**今後もスキルを上げて**❸御社の海外拠点で電子部品や化学製品の取引に英語を生かしていきたい**と思います。

❷今の英語力をどのように身につけてきたのか、具体的な取り組みを説明できています。資格や点数ではなく実際どのくらい使えるかを話せている点がポイントです。

❸英語のスキルと応募企業の仕事内容を結びつけて伝えることができています。

45

タテマエ質問

> # リーダーとしての経験は
ありますか？

ぶっちゃけ質問

> ## 大きな役割でなくていいので、
みんなをまとめた経験を教えてください

　これも採用試験でよく聞かれる質問の1つです。

「リーダーの経験といっても、あまりないよ……」と困る人もいるかもしれませんね。私も学生時代はそうだったので気持ちはよくわかります。

　採用側はなぜこの質問をするのか考えてみましょう。入社後、あなたがいつまでも一番下というわけではありません。会社の中で何年か経てば、必ず後輩や部下ができ、自分が集団を束ねる役割を求められます。

　そのため、面接官は「今までグループをまとめた経験があるか」「これからやってみようという意識があるか」を聞きたがっているのです。

　サークルの部長、アルバイトの店長代理など、役職がついているような役割でなくても構いません。自分なりに複数の人をまとめた経験について、具体的に話すようにしましょう。

・・・

▶ **答え方のポイント**

　■ どんな集団や人数でもよいので、メンバーをまとめた経験を答える

　■ 大変だったことにどのように取り組んだのか具体的に説明する

　■ 自分が主体的にどう関わったのかを伝える

「わかってない」と思われるありがち回答

私は、どちらかというと、❶リーダータイプではなくリーダーの下にいて相談に乗るような参謀役が得意です。フットサルのサークルでも部長が困っていたときに相談に乗りました。また、理系で❷研究室ではそれぞれ自分の研究を行っていることが多いので、あまりリーダーというような役割では動いていないのが現状です。

❶サブとしての自分の強みを伝えようとしており、質問の意図をわかっていないと思われてしまいます。リーダー経験について伝えるようにしましょう。

❷集団をまとめた経験がまったくないと思われてしまう表現です。少人数でもよいので、自分がまとめ役を果たした経験を具体的に説明しましょう。

 面接官が思わずナットク! お手本回答

はい、❸フットサルサークルで新入生勧誘の際、入会者を集める活動のまとめ役を行いました。私のサークルには昨年は入会者が5人しかいなかったため、何としても2桁の人数を集めたいと思いました。苦労した点は、担当メンバー6人の意見がバラバラだったことです。熱心な人とやる気がない人の差が大きく、活動が前に進まなかったので、私は、人数を集めて大会で勝てるようにしていこうと6人に気持ちを伝え、意見を聞き続けました。だんだんとみんなが1つになり、SNSの投稿、後輩への声かけ、チラシ配り、楽しいイベントの企画などを実行するようになりました。❹サークル全体でも勧誘していこうとほかの人にも呼びかけて動いた結果、10名の入会にこぎつけることができました。ここから熱意を持ち、言葉で伝えることの大切さを学びました。

❸役職などはなくても複数の人をまとめた内容について伝えています。大変だったことに対しどう努力したか具体的に説明できているのもよいポイントですね。

❹努力した結果やこの経験から学んだことを説明しています。もしうまくいかなかった経験であっても、次のまとめ役にどう生かすのかを加えるようにしましょう。

46

タテマエ質問

> 東京ではなく、なぜ地元で
> 働きたいのですか?

ぶっちゃけ質問

> 地元で安定して働きたいというだけで
> 選んでいませんか?

　この質問は、首都圏などほかの地域の大学に行っている学生が地元の企業を受ける際によく聞かれるものです。採用側は、「正直、地元で就職できればいいだけ」と考えているのではないか、「この会社でこんなことがやりたい」「他社ではなく、この会社がいい」という熱意はとくにないのではないかと考えています。これは決して、あなたに原因があるわけではありません。地元企業の場合、公務員試験を受けて地元の公務員になるのが第一志望だという学生が多く、内定を出しても公務員試験に合格すると結局断られてしまうこともあるため、面接官はその点を気にしているのです。

　また面接官は、応募者が東京に本社がある大手企業と自社をはかりに掛けていることも心配しています。地元への愛着や地元に貢献したいという気持ちを伝えるだけではなく、なぜこの会社がよいと考えたのか、この会社でやりたいことは何か、熱意を込めて説明するようにしましょう。

⊙ 答え方のポイント

　■ 地元への愛着や貢献だけでなく、仕事についての意欲を伝える

　■ 地元の中でもなぜこの企業なのか理由を説明する

　■ 公務員の仕事ではなく、なぜ民間の企業なのか伝える

✕ 「わかってない」と思われる**ありがち回答**

私はこの地域でずっと生まれ育ってきました。**❶地域に愛着があり、この地域に住んでいる人たちの暮らしに貢献できる仕事がしたいという軸で仕事を選んでおり、御社に応募させていただきました。** また、両親も地元で働くことを望んでいます。そのため、東京での仕事は考えておりません。

❶地域への愛着と貢献が主になっており、「公務員志望じゃないの？」と突っ込まれそうな回答です。なぜこの企業なのか、志望する理由を詳しく説明しましょう。

◯ 面接官が思わずナットク! **お手本回答**

私は、県外へ出て生まれ育ったこの土地にあらためて愛着を感じました。自分が就職すると考えたときに、**❷この土地で質のよい製品を提供し続けている、この地域の人々が誇りを持って働き続けている企業に就職し、** その中で地域に貢献できるような仕事がしたいと強く思うようになりました。そのため、東京での就職は視野に入れず、地元の企業を研究しています。その軸で考えたときに、地元の他社ではなく、御社にぜひ応募したいと考えました。**❸御社は、この土地で育まれたお米やきれいな水、おいしい土地の産物などを使ってお酒や加工食品を作り続けており、老舗としての質を守りながら、常に新しい挑戦や成長を忘れない姿勢を説明会で直に伺い、とても興味を持ったためです。** 御社の製品をほかの地域の人にもたくさん知ってもらえるような仕事に携わりたいです。

❷公務員の仕事ではなく、地元の民間企業で働いていきたいという思いをしっかりと伝えることができています。

❸応募企業をよく研究しており、なぜ他社ではなく、応募企業に魅力を感じているのかが具体的に説明できています。

47

タテマエ質問

> あなたにとっての人生のターニング
> ポイントはどんなことでしたか?

ぶっちゃけ質問

> 何か決心して行動を変えたことは
> ありますか?

　この質問は「自分の人生の中で、ここでこういうことを決めて行動を変えたから今の自分がある」「ここで考え方を変えたらこんなふうに自分が変わった」という経験があるかどうかを聞きたい質問です。とくに面白い経験や、ものすごく個性的な答えを求めているわけではないので注意しましょう。

　面接官は、何となく生活しているのではなく、目標や目的があり、「自分はこうしたい」という思いがあって、意識して行動を変えた経験がある人に入社してほしいと考えているため、このような質問をしています。自分なりに大きく行動が変わった出来事や、人生の方向性が変わったと思うような気づきにはどのようなものがあったのか、感じたことを含めて説明するとよいでしょう。

▶ 答え方のポイント

　■ 自分なりに大きく行動が変わった経験を説明する

　■ 具体的にどう取り組んだのかを伝える

　■ その体験からの気づきや、自分の変化を答える

✕ 「わかってない」と思われる**ありがち回答**

私にとってのターニングポイントは、1人暮らしを始めたことです。今までは実家で両親と一緒に生活していましたので、大学に入ってから1人暮らしになりました。**❶1人暮らしになって改めて両親のありがたさがよくわかりました。**

❶漠然とした表現のため、人生の方向性がどう変わったのか、この回答ではよくわかりません。経験したことについてもっと詳しく説明しましょう。

 面接官が思わずナットク! **お手本回答**

私が自分の考え方が大きく変わったと思ったのは、大学に入って1人暮らしを始めたことです。買い物や自炊、洗濯などをすべて自分でやるのはもちろんですが、**❷引っ越しに必要な役所、電話などのさまざまな手続き、生活用品の購入、学校での手続きなどを、仕事が忙しい両親にはできるだけ頼らないように自分で行いました。**このとき、社会人として何でも自分で決めて、限られた時間や予算の中でちゃんと実行していくということが、いかに大変か実感し、頭ではわかっていても実際にやってみるのとは違うことがよく理解できました。**❸この経験を経て、限られた条件の中だったとしてもまず取り組んでみることが大切だと考え方が変化し、**難しい勉強や資格へのチャレンジといった行動につながっていると感じています。

❷どのような経験が大きなポイントだったのか、具体的な事例を説明できています。

❸体験の後、自分の方向性や考え方にどのような変化があったか、今の行動にどう結びついているのか、伝えることができています。

48

タテマエ質問

> 最近イラッとしたのは
> どんなことですか?

ぶっちゃけ質問

> ちょっとしたことで感情的になりませんか?

「どのようなことにストレスを感じる人なのか」を知りたいという質問です。

　人間ならば誰でも、たまにはイラッとすることがあります。面接官も「そんなことはほとんどありません」などという答えを期待しているわけではありませんが、中にはとても細かく対人関係を気にする人や、ちょっとしたことで感情的になり、なかなか怒りが鎮まらない人がいるのも事実です。そのため、応募者のストレス耐性を確認したいと考えているのです。

　最近あなたがどのようなことに少しイラッとしたのか、まず率直に伝え、それに対してどう対応したか、どう気持ちを切り替えたのかを具体的に話すようにしましょう。

▶ 答え方のポイント

■ 「まったくない」ではなくちょっとしたことを1つ答える

■ 対人的なことよりも、自分の行動に対してのイライラにする

■ その出来事からどう気持ちを切り替えたのか説明する

✕ 「わかってない」と思われる**ありがち回答**

最近イラッとしたことは、**❶よくあるのですが、満員電車の中で周りの人のリュックがものすごく変な角度でガンガンあたり続けたことです。** 痛かったですし、本当にイライラしました。できれば満員電車には乗りたくないと思ってしまいました。

❶「よくある」は言わないほうがよいでしょう。確かに誰にでもあることですが、「いつもだ」と伝えると、面接官に通勤は大丈夫かと思われてしまいます。

 ## ⭕ 面接官が思わずナットク! **お手本回答**

私が最近イラッとしたことは、**❷パソコンで課題の論文を作成しているとき、期限まで時間がなく急いでいるのにパソコンがフリーズして動かなくなってしまったことです。** その日中に仕上げないといけなかったので、期限に間に合わなくなったらどうしようかと思いました。何度か再起動して何とかうまくいったのでよかったのですが、**❸一瞬動揺してしまったので、立って深呼吸をし、体を動かすことで気持ちを切り替えて無事期限に間に合わせました。** やはり期限ギリギリでやろうとするとこういう予期しないことも起こり得ると反省し、これからは、もっと余裕を持って処理しようと思いました。

❷ちょっとしたイライラについて伝えています。ほかの人に対してではなく、自分自身に対するもので、改善や気づきを伝えられているのもよい点です。

❸イライラからどう気持ちを切り替えたのか、具体的な工夫について説明できています。

49

タテマエ質問

> ## 将来のキャリアについてどのように考えていますか?（女性に対して）

ぶっちゃけ質問

> ## 当社は女性管理職を増やす必要があります。総合職でキャリアを積む意欲はありますか?

　女性に対してこの質問が出る場合、その企業は「総合職として女性にキャリアを積んでほしい」と考えています。「女性活躍推進」が整備される中、お客様としての女性の視点が必要な業界も多く、会社の方針として、5年後10年後には女性管理職や女性役員の割合を大きく増やすことを目標にしているところも増えています。

　もちろんこのような企業は、結婚や出産後も仕事が続けられるよう制度を整えることに努力をしていますが、それと同時に、応募者に対しても「本当に総合職で仕事に取り組んでいこうとする意欲があるか」を確認したいと考えています。総合職の仕事はハードだからです。

　志望企業の仕事内容や配属などについて理解した上で、「何年後にはこうなっていたい」と仕事面での具体的な目標を伝えるようにしましょう。

・・・

▶ 答え方のポイント

　■ 仕事内容や配属について調べて理解した上で答える

　■ プライベートではなく、仕事面を中心に話す

　■ 何年後にはこうなりたいという具体的なイメージを説明する

✕ 「わかってない」と思われる**ありがち回答**

私は、御社が、女性がキャリアを積むことができるよう積極的にさまざまなことに取り組んでいらっしゃる点に魅力を感じ志望しました。入社できましたら、❶**まずはできるだけ与えられた仕事を覚えて一人前になることに努力し、30歳くらいに結婚、出産をしてもすぐ復帰して長く仕事に携わっていきたいです。**

❶入社後の仕事に対するイメージが漠然としていると思われてしまう回答です。できるだけ応募企業の先輩の働き方を調べ、自分も〇年後にはこうなっていたいという目標を伝えるようにしましょう。

 〇 面接官が思わずナットク! **お手本回答**

私は、御社では❷**男女関係なく責任のある仕事に携われることに大変魅力を感じております。また、グループ会社も含め、自分のやりたい仕事に対して手を挙げ応募する機会があることもぜひ活用していきたい**と考えております。私はまず店舗で売り上げを上げるための陳列や商品構成、接客応対などの仕事のスキルを身につけ、自分なりの工夫で目標を達成するために努力したいと思います。❸**3年後にはリーダーとしてパートタイムやアルバイトの方、後輩の育成に携わりながら、どんな商品を開発したら売れるか全国のいろいろな店舗で日々のマーケティングの状況も分析し、学んでいきます。**また、10年後までには商品部で商品の仕入れや開発を担当したいと考えておりますので、御社の自己啓発サポートの制度も活用して研修やeラーニングでも勉強を続けていきたいと思います。

❷総合職として責任ある仕事がしたいと考えていることをアピールできています。

❸〇年後の目標や、そのために努力することについて、具体的な仕事の内容を入れて説明できています。「全国の店舗」という言葉で、転勤も問題ないことを伝えられています。

50

タテマエ質問

> ○○だ（気が強い、マイペース、
> おとなしい、飽きっぽいなど）と
> **言われることはありますか?**

ぶっちゃけ質問

> **適性検査で○○の傾向があると
> 出ていますが、実際はどうですか?
> 予想外の質問にどう返しますか?**

　適性検査で「この人には○○な傾向があるようなので、面接で確認しておくとよい」という結果が出た場合に聞かれることがあります。適性検査は、あくまでも「そのときに本人が選んだ内容」の結果なので、必ずしも客観的に正しいとはいえませんし、いつも同じ傾向だとも限りませんが、面接官は確認できるなら確かめておきたいと考えるものです。

　また、面接で自分の短所を指摘されるとは思っていない学生が多いでしょうから、想定していなかったことを否定的に聞かれてどう対応するのか、柔軟性や会話力を見たいとも考えています。

　予想外の質問が来たとしても、冷静に、「そういう見方もあるかもしれない」といったん受け止めた後で、自分の意見を具体的に伝えるようにしましょう。

● 答え方のポイント

■ 思ってもいない質問がきても、冷静に答える

■ いったん相手の考えを受け入れる姿勢を示してから自分の意見を伝える

■ （言われない場合）なぜ違うと言えるのか、理由を具体的に答える

✕ 「わかってない」と思われる**ありがち回答**

いいえ、とくに今までそのようなことを言われたことはありませんでした。**❶私はどちらかというと、チームワークを大事にして協調性を持って物事に取り組んでいますので、「気が強い」ということはない**と思います。

❶なぜ「気が強い」ということはないのか、根拠を伝えていないので面接官に納得してもらいにくい回答です。もう少し詳しく理由を説明するようにしましょう。

⭕ 面接官が思わずナットク！**お手本回答**

❷はい、そのように見える部分もあるのかもしれません。私は小学生の頃から父の仕事の都合で転校の経験が何度かあり、海外に住んだ経験もありますので、どちらかというと自分の意見を持ち、はっきりと意見を伝えるほうだと思います。ただ、高校生から剣道を習うようになったり、ファストフード店でアルバイトをしたりするようになり、30代や40代、ときには60代の人と接して一緒に仕事をすることが多くなりました。そこで、**❸社会にはいろいろな価値観の人がいること、礼儀を守ることや人の意見をまず聞いてから自分の意見を伝えることが大切だと学びました。今では、友人から「美咲といると安心する。話を聞いてくれる」と言われることもよくあります。**感情的に自分の意見を主張するような態度を取ることはまずないと言えます。

❷相手からのネガティブな質問を、いったん受け入れているのはよいポイントです。「そうかもしれない」と受け止めてから自分の意見を伝えることができています。

❸どうして気が強くないと言えるのか、理由を詳しく説明できています。ほかの人からの客観的な言葉も伝えているので、より納得してもらいやすいでしょう。

51

タテマエ質問

> 学生時代の経験は社会では
> 役に立たないと思うのですが、
> あなたはどう考えますか？

ぶっちゃけ質問

> 否定的な質問をしても、
> 感情的にならずに答えられますか？

　この質問は決して「面接官が本当にそう思って聞いている」というわけではありません。

　面接が2次、3次と進んでくると、学生の考えや意見を深く聞こうとする質問や、議論になりそうなことに対して、あなたが感情的にならず、自分の意見を言えるかどうかを試すような質問も出てきます。

　企業の中にはさまざまな考えの人がいます。会議の場などで、ときには反対意見を述べ、相手を説得することが必要なケースも出てきます。面接官は、このような質問を通して、あなたのコミュニケーションの力を知りたいと考えているのです。

　感情的な反応をせず冷静に、そしてブスッとして黙り込むのではなく、理由を加えて自分の意見を伝えましょう。

● 答え方のポイント

■ 「いいえ、そんなことはありません」などと言わず冷静に答える

■ 相手の意見をそのまま受け入れてしまわないようにする

■ 理由を入れながら自分の考えを具体的に伝える

✕ 「わかってない」と思われる**ありがち回答**

そうですね。……（少し沈黙）**❶学生時代の経験は社会人になってから通じないのではないかと私も考えます。**

❶なぜそう考えるのか、理由を説明できていません。面接官にもわかるよう、理由を詳しく伝えましょう。

 ◯ 面接官が思わずナットク! **お手本回答**

❷はい、私もすべてが社会人になってから役立つとは考えておりません。
確かに、自分自身の行動に責任を持ち、自活していく社会人と、親の保護のもとに暮らしている学生とでは大きな差があり、社会人になってから身につけていく必要のあることは非常にたくさんあると認識しています。ただ、**❸私も成人となり、高校生のときに比べれば大学で学んだ知識やアルバイトなどの社会経験を少しは積み重ねてきていると感じています。とくに電話応対のアルバイトでは、自分の行動がほかの人に大きな影響を与え、行動を変えれば、会社の売り上げも変わってくるのだということを意識できるようになりました。** まだまだ経験が必要ですが、こういった責任感や仕事への姿勢を、入社してから少しでも生かしていきたいと考えております。

❷相手の意見に感情的にならず、いったん受け入れた上で冷静に対応できています。

❸自分なりの考えを、理由や事例を入れながら具体的に説明できています。自分の意見を筋道立てて説明できる人だという印象を面接官に与えることができています。

52

タテマエ質問

> ## 自分の好きなところは
> ## どのような点ですか?

ぶっちゃけ質問

> ## 自分に自信はありますか?
> ## 自己肯定感を持っていますか?

「自分の好きなところを見つけることができているか」「自分について前向きに捉えることができているか」を聞きたい質問です。

学生の中には、「なかなか自分を好きになれない」「自分のよい点を認めるのが苦手だ」という人がいます。あまりに自己肯定感が低いと自分に自信が持てず、ストレスがたまりがちになってしまいます。

面接官は、あなたが自分のどのような点を認めているのか、具体的に知りたいと考えています。「あまり好きなところがないのですが……」と否定的に伝える必要はありません。とはいえ、たくさん挙げすぎるのも考えものです。自身の好きなところを1つ選び、理由やエピソードをプラスして伝えるようにしましょう。応募した仕事と結びつけて話せるとアピール度が高くなります。

▶ 答え方のポイント

■ 謙遜(けんそん)は必要ないので、好きな点をきちんと答えるようにする

■ 好きな点を1つ選び、理由や具体例を交えて伝える

■ 自分のアピールにつながるようなものを意識する

× 「わかってない」と思われる**ありがち回答**

はい、❶それほど大したことではないのですが、人に気配りができることです。❷**友人からも「自分のことを思ってくれている」と言われたりすることがあります。**

❶あまり卑下したり謙遜したりすると面接官に「自己肯定感が低いのだろうか」と思われる恐れがあります。この前置きは不要です。

❷漠然としていてよくわかりません。どのようなときに言われるのか、エピソードを交えて説明するようにしましょう。

○ 面接官が思わずナットク! **お手本回答**

はい、いくつかあるのですが、❸**とくに好きな点は「人に対して真の思いやりを持って接し、人を勇気づけられる点」**です。私は野球部のマネージャーをしていましたが、部の中で、なかなか実力が備わらず、レギュラーになれないメンバーがいました。私は、相手の現在の気持ちを受け止めて、つらいと感じている部分は話をよく聴くようにしましたが、❹**「何が本当に相手のためになるのか」を深く考え、練習に来ないのはなぜかなど、必要であれば言いにくいこともきちんと指摘するように心がけ、励ましました。その結果メンバーはやる気を取り戻して努力して練習するようになり、最後には試合に出られるようになりました。「近藤は本当に自分のことを心配して言ってくれた」と感謝され、うれしく感じました。**以上が、私が自分のことを好きだと思う点です。

❸自分の好きなところを「優しい」などの漠然とした表現ではなく、詳しく説明しているのがポイントです。

❹具体的なエピソードを説明し、自分の好きな点を伝えることができています。面接官が行動をイメージできるように答えているのがよい点ですね。

53

タテマエ質問

> **小さい頃はどんな子どもでしたか?**

ぶっちゃけ質問

> **小さい頃からの性格や興味で、**
> **今につながっているものはありますか?**

　成長する段階で変わったこともあるかもしれませんが、誰しも小さな頃からの特徴や好きなこと、長所などが今の自分に少なからずつながっているものです。この質問は、あなたの一貫した性格や興味について、自分で客観的に認識している部分があるかどうかを聞いている質問です。

　注意すべきは、「自分のアピールにつながるように内容を選ぶ」ということ。「小さい頃はわんぱくだった」などと特徴だけを伝えるのではなく、わんぱくだったことが今の自分の行動や考え方とどうつながり、どう自分の軸を形成しているのかを具体的に説明しましょう。

　短所に思われる言葉を自分から選ぶ必要もありません。ほかの人の客観的な声なども入れ、PRになるような材料を探しましょう。

▶ 答え方のポイント

- 短所やネガティブな部分ではなく、アピールになる内容を話す
- 特徴だけでなくエピソードも交えて答える
- ほかの人の客観的な意見なども入れて伝える

✕ 「わかってない」と思われる**ありがち回答**

❶ **小学生の頃は、好奇心旺盛な子どもだったと思います。じっとしていられずよく先生や親に怒られていました。**

❶ 簡略化しすぎているため、どのように好奇心旺盛だったのかよくわかりません。怒られた事例ではなく、どんな行動をしていたのかを具体的に話しましょう。

 ◯ 面接官が思わずナットク! **お手本回答**

小学生の頃は、多くのことに好奇心旺盛な子どもでした。また、興味を持ったことはとことん追究する傾向がありました。❷**本やテレビでいろいろな情報を知ると、すぐにその場所に行ってみたくなり、調べてみようとしていました。** 近くの野原で変わった虫を見つけ、名前がわからず図書館の図鑑で探したり、先生に聞きにいったりして何日間も調べていたときもありました。また「なんでそうなるのか」「どうしてなのか」といつも親に何度も質問し、「どうして坊主」などとあだ名をつけられたこともあります。❸**このような多くのことに興味を持つ傾向や、探究心を持って物事を調べる性格は今になっても変わらず続いており、現在大学で環境工学を専攻し研究を行っている選択にも影響していると感じます。**

❷ 性格や特徴について具体的なエピソードを添えて説明できています。

❸ 小さい頃の傾向や性格と現在を結びつけて伝えることができています。面接官に一貫性が伝わりやすい内容です。

54

タテマエ質問

> これからのリーダーにはどのような
> ことが必要だと思いますか?

ぶっちゃけ質問

> 漠然とした問いにどう答えますか?
> 自分なりのリーダー像を
> 自分の言葉で語れますか?

　この質問には、もちろん1つの正解があるわけではありません。面接官は、あなたが「これからのリーダーに必要なことをどのように考えているのか」、あなた自身の意見を聞きたいと思っています。つい、どこかで読んだような回答をしがちな質問ですが、漠然とした表現に終わらないように注意してください。著名人の本や学校の先生の言葉を引用するだけではなく、そこに自分なりの理由をプラスして伝える必要があります。

　このテーマの質問はどの企業でもなされる可能性があります。面接前に、その企業のホームページで「どのような人材を求めているのか」を研究しておくと役立つでしょう。

　さらに、現在が不確実な時代で、世界的に大きな変革が起きているときだということにも触れる必要があります。社会情勢を理解した上で、自分の意見に反映させることを忘れないようにしましょう。

▶ 答え方のポイント

- 写したような答えではなく、自分の言葉で理由を添えて答える
- 応募企業の求める人材像を事前に調べておく
- 現在の社会情勢を反映した答えを伝える

「わかってない」と思われるありがち回答

❶私は、みんなが働きやすく安心して暮らせる社会を作るリーダーが必要だと思います。私も将来そのようなリーダーになりたいと考えます。

❶非常に漠然とした答えで、応募企業が求める人物像というより一般的に政治に必要なリーダー像のように感じてしまいます。企業が求める人材についてもっと調べておくようにしましょう。

 面接官が思わずナットク! お手本回答

私は、これからのリーダーにはメンバーがついていきたいと思わせる信頼性と、時代を生き抜いていく柔軟性が必要だと考えます。確かにリーダーには人を引っ張っていく力強さも大切ですが、これからのリーダーの部下には、外国人や年上の方などいろんな価値観や年代の人がつくのではないかと思います。その際、リーダー自身の言っていることと行動が一致していないと不信感を招き、一体になって前へ進めないのではないでしょうか。ですから、❷私であればまず「この人なら信頼できる」と思わせる言行一致を心がけ、チームの中に信頼感を作り出したいです。また、同時にこれからの時代はAIの導入など非常に流動的で、多くの変化が起こる可能性があることも忘れてはいけないと考えます。したがって、❸御社の方針にもありますように、時代に沿って、柔軟にルールややり方を変えていくこともリーダーには必要な要素だと私は思います。

❷「もし自分がリーダーなら」と当事者意識を持って、自分の意見として伝えることができています。

❸応募企業の目指す方針をしっかり研究していることが伝わってくる回答です。

55

タテマエ質問

転職の理由をお聞かせください

ぶっちゃけ質問

短い期間で辞めてしまうのでは?
弊社では大丈夫ですか?

どの企業であっても、転職の面接で必ず聞かれる質問です。応募書類に退職・転職理由を記入していても聞かれますし、1次面接だけでなく、毎回の面接で何度も確認されるでしょう。

前職の在籍期間が短い場合、面接官は「うちの会社に入社したとしても、また短い期間で辞めたくなってしまうのではないか」「新しい環境になかなか馴染めない、柔軟性が低い人なのではないか」という不安を払拭したいと考えています。そのため、複数の人が違う場面で質問しても、その人の考えが理解できる、一貫性ある答えを返してくれるかどうかを確認したいと思っているのです。

新卒で入社後、短期間で退職したなどの経験がある人は、自分の就活が上手くいかなかったことは率直に認めてよいと思います。そして、今どのように考え、どのような努力をしているのかについてしっかりと説明するようにしましょう。

▶ 答え方のポイント

■ 就活のときの取り組み姿勢などの反省点があれば率直に伝える

■ やりたいことはどのようなことか、なぜそう考えるのか理由を伝える

■ 応募企業の志望動機と関連づける

✕「わかってない」と思われるありがち回答

前職では❶総合職として**配属が営業の部署でし**た。❷私はどちらかというと自分が前面で売り上げを達成していくというよりも、**サポートする仕事に就きたいと思っていたため、向いていないと考えるようになり**、退職を考えるようになりました。

❶総合職で就職したということは、営業への配属の可能性もあったはずです。就活の際に企業研究が足りなかったのではないか、その点についてどう考えているのか疑問に思われてしまう可能性があります。

❷なぜこのように言えるのでしょうか。具体的な事例や理由を示して伝える必要があります。

 ○ 面接官が思わずナットク！お手本回答

前職の営業職から転職を考えたのは、❸**自分がやり遂げたい職種にチャレンジしたいという気持ち**がどうしても強くなったためです。❹**新卒の際、総合職の仕事についてあまり深く考えず、会社の安定性や環境面だけで選択をしていました。**もっと自分を見つめ、やりたいことや会社の仕事を研究し、多くの方に情報を聞けばよかったと反省しております。❺働くようになってから、**大学で勉強していた物流の仕事に携わりたい思いが強くなり、貿易実務や通関士の勉強を再開しました。英語力向上のため、毎日英文記事を読み、英語の動画を見ています。**再開して４カ月たちますが、目的を持ったために学生時代よりも集中して頑張れています。**先日 TOEIC を受け、以前より150点アップしました。**❻貴社の国際的な貿易に関わる物流管理の職種の求人を拝見し、**社会人としての基礎力はまだ足りていないとは思いますが、ぜひ挑戦させていただきたい**と応募しました。前職での反省を糧に、困難なことがあってもやり遂げていきたいと思っております。

❸できないと思ったことではなく、やりたいことについて伝えようとしています。

❹新卒の就活のときの失敗について率直に認め、反省を伝えています。応募者の思いが理解できる内容です。

❺希望だけでなく、やりたい仕事に向けて自分にできる努力を続けていることを説明できています。

❻自分自身の力不足は認め、その上で熱意を伝えています。具体的な強みやその根拠などを長く言うことは質問の主旨からはずれてしまうため、ここでは避けましょう。

就活中のストレス解消法

　心の中にモヤモヤがあるとき、誰かに相談すると、ストレスは大きく軽減されます。これは脳科学や心理学の研究でも証明されていることです。

　就職活動で悩んだときの相談相手としてお勧めなのが、キャリアコンサルタントです。

　あなたの学校にもきっと、キャリアサポートや就職支援を担当する課があることでしょう。ぜひ「就職活動の専門家」であるキャリアコンサルタントに相談をしてみましょう。

　キャリアコンサルタントは、就職活動のやり方や応募書類の添削、面接のアドバイスなど、応募についての具体的な相談はもちろん、「向いている仕事がわからない」「就職活動の方向性がわからない」といった漠然とした相談も受け入れてくれます。どんな相談でも、決してあなたの考え方を批判したり、指示したりはしません。悩んでいるときは恐れず活用してみましょう。

　また、人と一緒に何かを行うこともモチベーションアップにつながります。人は、ほかの人と共通の目的を持って何かを達成すると、快い感情や意欲に大きく関わっている「ドーパミン」という物質を脳内で多量に放出するようにできています。

　就職活動中も、仲のよい友だちと一緒に就活についておしゃべりする時間を取ったり、サークルやアルバイト、スポーツなど集団で行う活動の場を持ったりすると、ストレスは一気に解消されます。

PART

3

ライバルに差をつける！
直前対策 編

面接で「何を話すか」も大事ですが、同じくらい大切なのが、相手に与える印象でしょう。これは対面でもWEB面接でも重要です。「見た目」「態度」「話し方」の面から、印象アップのポイントを確認しておきましょう。面接本番に備え、脳のしくみから考える「自信の作り方」も取り上げます。

1

「持っている力を出し切る」ために やるべきこと

「第一印象」で失点を食らわない

　この本をここまで読み進めてきたあなたは、もう十分に面接官の視点や本音を理解しているはずです。

　PART 3 では、**あなたの持っている力をしっかりと出し切る**ために、どのような準備をすればよいかについて解説していきます。

　増加しているオンライン面接に必要な準備についても、大切なポイントは同じです。対面であってもオンラインであっても面接で力を出し切るために「印象面」「声」「話し方」についてしっかり準備していきましょう。

1次面接では「第一印象」「コミュニケーション力」が重要

　面接の中でも、とくに短時間の1次面接では、第一印象やコミュニケーション力が結果に大きく影響すると PART 1 でお話ししました。**入社後、お客様や取引先にどのような印象を与える人なのか、社内の人と協働して仕事ができる人なのかを知りたい**からです。

　それでは、ほかの人から見たあなたの第一印象はどうでしょう。

　次のリストで自己診断すると同時に、周りの人にもチェックしてもらいましょう。親や大学の先生、アルバイト先のマネージャーや先輩など、あなたを客観的に見て厳しい意見をくれる人に依頼するとよいですね。

● 第一印象チェックリスト

① 身だしなみがきちんとしている。　　　　　　　　自分☐　他者☐

② 明るく元気に自分からあいさつしている。　　　　自分☐　他者☐

③ 言葉や態度が礼儀正しく謙虚だ。　　　　　　　　自分☐　他者☐

④ はっきりとした声でわかりやすく話している。　　自分☐　他者☐

⑤ 熱心に相手の話を聞いている感じがする。　　　　自分☐　他者☐

⑥ 相手に伝えようとする熱意を感じる。　　　　　　自分☐　他者☐

⑦ 言葉や考えに自信があり芯が通っている感じがする。　自分☐　他者☐

いかがでしょうか？　あくまでも「相手がどう感じるか」、相手の受け止め方次第なのですが、**⑦の「言葉や考え」以外はすべて「見た目の印象」と「声の印象」が関係している**ことにお気づきでしょうか。

　このように人は視覚や聴覚を通して「よい・悪い」「好きだ・イヤだ」を判断してしまいがちです。面接官によい印象を与えられるよう、まずは「身だしなみ」から確認していきましょう。

2

第一印象アップのポイント
身だしなみ編

「清潔感」を意識する

　身だしなみの基本は、右ページのイラストの通りです。ここでは、さらに一歩進んだ印象アップ法をお伝えしましょう。

体に合ったスーツ・シャツで、自信のある印象を与える

　スーツやシャツは、着ていればよい、というものではありません。

　時々、肩幅や胸、そでの部分がブカブカなものを着ている人がいますが、**大きさが合っていないと、自信がなさそうな印象が強まります**。ジャケットは何着か試着し、お店の人にも相談して自分の体に合ったものを買いましょう。2,000 〜 3,000 円で大きさの直しもできます。ジャケットだけでなく、シャツもお店の人に頼めば肩幅を測ってもらえます。ぴったり合うサイズを選んでもらいましょう。

　次に、髪型です。短い髪の方に意外と多いのが、髪が顔周りでボサボサになってしまっているケース。元気がなく不潔に見えてしまいます。**サイドは短めにし、ジェルやワックスなどを少し使ってスタイリングしましょう**。前髪についても、アパレル系・デザイン系以外の企業では短めがお勧めです。長い髪は無理に後ろで1つに束ねる必要はありません。**前髪は分けて、両サイドをピンで留め、髪が肩の前に来なければOKです**。バサバサさせず、キッチリ感が出るようにアレンジしましょう。

　最後に靴です。黒い革（または合皮）の靴を履き、**できるだけピカピカに磨く**ようにしましょう。

　ビジネスパーソンは、靴を見て人を判断するといいます。「きちんとした人だな、仕事に対する姿勢がしっかりしているな」という好印象につながりますので、靴磨きを忘れずに行いましょう。

「身だしなみ」の基本

パンツスタイルの例

- ネクタイ着用。Ｙシャツはアイロンをかけてシワのないように。
- 黒い革のひも靴。
- えり、そでが汚れていないかチェック。
- かばんは「A4ファイル」が入る大きさ。仕事で使えるビジネスタイプ。
- 靴下は紺か黒。
- 髪型は短めでこざっぱり。
- 腕時計はシンプルなものを。

スカートスタイルの例

- 黒い革靴。ヒールは低くてもよい。
- 肌色のストッキングをはく。伝線していないか注意。
- 髪は後ろで束ねたり、ピンで横を留めたりして、お辞儀をしたときに前でバサッとならないように。
- アクセサリーは基本的につけない。

3

第一印象アップのポイント　表情編

「笑顔」は最強の武器

感じのよい人は笑顔が素敵

　見た目の印象の中で、とても重要なのが「表情」です。笑顔の人を見ると「感じがいいな」「自分に好感を持ってくれているんだな」「この人となら一緒に仕事がうまくできそうだな」と思うものです。

　一方、本人にそんなつもりはなくても「感情がよくわからない表情」「つまらなそうな表情」「不安そうな表情」に見えてしまうと、面接官に「普段からこういう人なのかな」と思われてしまいます。**笑顔で面接に臨みましょう。**

　しかし、自分では普通にしているつもりなのに、他人からは「無表情」や「不安そうな表情」に見えてしまう場合は、どうしたらいいのでしょう。

「面接前に、楽しかったことや幸せな気持ちになることを思い出す」「接客業など、笑顔が必要なアルバイトを経験する」などの方法もありますが、手っ取り早いのは、**笑顔のトレーニング**です。

　笑顔を作るには顔の表情筋を動かす必要があるのですが、笑顔が出にくい人は、この表情筋を大きく動かしていない傾向があります。表情筋を動かすトレーニングこそが、自然な笑顔を作るための大きなポイントです。

　まずは右ページの「顔の筋肉をゆるめる方法」に従い、**ホットタオルで顔の筋肉を柔らかくしましょう。**

　続いて、**「イー・ウー体操」**を行います。「イ」のときの口、目で「お

はようございます！」「よろしくお願いします！」などのあいさつを練習してみてください。

　できれば毎日。難しければ面接日の朝に行うだけでも、ずいぶん違うはずです。

「笑顔」をつくるトレーニング

顔の筋肉をゆるめる方法

①きれいなフェイスタオルを1枚、水に濡らして縦に2つ折りにする。
②クルクル巻いて軽く絞り、お手ふきのように棒状にする。
③レンジで1分半ほど温めホカホカにする。
④タオルをほどいて2つ折りの状態に戻し、顔の上に置く。
⑤1分ほどそのままにし、顔全体を蒸らす。
⑥終わったら、肌がつっぱらないようにクリームを塗る。

イー・ウー体操

①鏡の前で、口を大きく横に開いて「イー」。ほお骨のあたりの筋肉を上に動かす。目を細めるつもりで行う。

②続いて、縦にすぼめて「ウー」。

③①、②の動きを大げさに10回繰り返す。

4

第一印象アップのポイント
姿勢・態度編

自信に満ちた立ち居振る舞いを身につける

　　見た目の印象を決めるものには **「姿勢・態度」** もあります。笑顔と同じように、お辞儀、座る姿勢、話を聞いている態度や視線なども、言葉を使わないコミュニケーションの1つとして、面接官に何かしらの印象を与えており、これは WEB 面接でも同様です。普段、無意識に取っている行動をもう一度振り返り、改善点がないか探していきましょう。

目が合わないと「自信のない人」と思われてしまう

　　まず **「視線」** です。日本人にはシャイな人が少なくありませんが、面接官からずっと目をそらしている人や、下を向いている人は「自信がないのだろうか」と思われてしまいがちです。時々でもよいので、面接官の目を見て話しましょう。WEB 面接の場合にはカメラを見るようにします。

　　また、脳と目の働きとして、覚えたことを思い出して話そうとすると、人は無意識に右上を見る性質があります。あまり上を見ていると「丸暗記したものを思い出そうとしてるのかな」と思われるため、気をつけましょう。

　　面接が苦手な人は、鏡を見ながら、鏡の自分に目を合わせて笑顔で話す練習を行ってみてください。

座り方、歩き方も意外と見られている

　　次に、**座り方や話の聞き方、歩き方**です。説明会や面接、グループディスカッションのときなどに結構気になるのがこの姿勢や態度です。

　　座る場合は、背もたれに背中をつけず、なるべく背中をまっすぐに

し、胸を張って座りましょう。

　話を聞いているとき、歩いているときなどの無意識の態度は、面接官から見て意外と気になるものです。次のようなことに注意しましょう。

▶ **注意したい「無意識の態度」チェックポイント**

① できるだけ前の席に座る（説明会のとき）　☐

② 説明を聞くときはメモを取る　☐

③ 大きく足を投げ出すように座らない　☐

④ 説明を聞くときに携帯・スマホ等を見ない　☐

⑤ 相手の目を見てうなずきながら話を聞く　☐

⑥ 待っているときなどに居眠りをしない　☐

⑦ 歩くときは胸を張る。背中を丸めて歩かない　☐

お辞儀は45度で丁寧に。あいさつをしてから頭を下げる

　最後に、**立ち方、お辞儀の仕方**です。

　立つときに、背中が丸まっていませんか？　背筋をまっすぐに、両足のかかとをつけ、胸を張って、あごを引きましょう。

　お辞儀はきっちり丁寧にすると大変感じがよいものです。通常、お辞儀は30度の角度でといわれますが、私は礼儀正しい印象をより強く与える、「45度」の深めのお辞儀を推奨しています。

　お辞儀は、相手の目を見てあいさつをしてから行います。言葉を発しながら頭を下げてしまわないように、練習を繰り返し行いましょう。以下の「3ステップ」で理想のお辞儀が完成します。練習すればするほど、上手なお辞儀ができるようになります。

① 相手の目を見て、笑顔で名乗ってあいさつをする

② 背中をまっすぐにしたまま、「1」と唱えつつ45度まで腰を曲げお辞儀をする
　※背筋がまっすぐでお辞儀の角度が十分かどうか、鏡で見て確認する

③ 「2、3」とゆっくり数えるぐらいの時間で上半身を戻す

5

第一印象アップのポイント　発声編

「声」も第一印象の重要要素

面接では、見た目と同様、「声」も印象に大きく影響を与えます。次のような伝え方ができているでしょうか。振り返ってみましょう。

- ●**明るく元気にあいさつしている**
- ●**大きな声ではっきりと話している**
- ●**早口すぎず、言葉がよく聞こえている**
- ●**気持ちを込めて伝えられている**

はっきりとした大きな声を出すためのトレーニング

面接当日は、緊張から普段のように声が出ない場合があります。

とくに集団面接では、周囲の雑音が入るかもしれませんので、はっきりと面接官に聞こえる声で話す必要があります。

そこで、右ページの**発声練習**をしておきましょう。面接の前日や当日の朝、この発声練習を行っておくと、腹式呼吸で大きな声が出るようになります。

また、言葉をはっきり話せないという人には、**滑舌をよくする練習**が効果的です。

右ページの表のフレーズをゆっくり、「ア」「メ」「ン」「ボ」のように、一音一音、口を開けてはっきり発音する練習をしてみましょう。全部を読むと少し長いのですが、時間がないときは、2行程度でもOKです。口に出してはっきり言ってみる練習をすることが大切です。毎日少しずつでもいいので、声に出してみましょう。

印象に残る「声」をつくるトレーニング

口を大きく開ける発声練習

①おへその下の丹田に両手を置い
　て、今ある息を全部吐き切る。
②大きく息を吸う。
③①の手を置いたまま、お腹の息を
　吐きながら、大きな声で「ア、

エ、イ、ウ、エ、オ、ア、オ」と言う。しっかりと一音ずつ
区切り、口は「縦」「横」「開ける」「すぼめる」という動作を
目一杯行う。
④①〜③を 10 回繰り返す。

滑舌をよくする練習

以下のフレーズを、一音一音、口を開けてはっきり発音する練
習をしてみましょう。

アメンボ あかいな アイウエオ　うきもに こえびも およいでる
かきのき くりのき カキクケコ　きつつき こつこつ かれけやき
ささげに すをかけ サシスセソ　そのうお あさせで さしました
たちましょ ラッパで タチツテト　トテトテ タッタと とびたった
なめくじ のろのろ ナニヌネノ　なんどに ぬめって なにねばる
ハトポッポ ほろほろ ハヒフヘホ　ひなたの おへやにゃふえをふく
まいまい ねじまき マミムメモ　うめのみ おちても みもしまい
やきぐり ゆでぐり ヤイユエヨ　やまだに ひのつく よいのいえ
ライチョウは さむかろ ラリルレロ　れんげが さいたら るりのとり
わいわい わっしょい ワイウエオ　うえきや いどがえ おまつりだ

6

「気持ちを込めた話し方」を身につける

面接官の「感情移入」を呼び込む

声に気持ちを込めて、面接官に熱意を伝えよう

　面接では、あなたの強みやこれまでの取り組みをアピールすると同時に、どのような思いでその企業を志望したのか、熱意をわかってもらう必要がありますから、相手の心に届けるために **「気持ちを込めて話す」** ことも大切です。

　気持ちを込めて話すのが苦手な人に効果的なのが、**朗読の練習**。場面の雰囲気がわかるように、抑揚をつけてはっきりと読みます。好きな小説を2ページ読んでみるのも効果的です。

　ここでは試しに、右ページの文章で練習してみてください。できれば録音して、客観的にチェックしてみましょう。

● 朗読練習のチェックポイント

① はっきりとした声で読めた。　　　　　　　　　　　　　□

②「困っていた」「不安だった」「お腹がすいていた」
　「よかったと思った」などの気持ちを意識して読めた。　□

③ 展開が変わるところで、区切りを入れて読めた。　　　□

　いかがでしょうか。もし「棒読み」になっているようなら、一文の中で強弱をつけ、感情を込めて読んでみてください。たとえば「大変なことが起こりました」のところは、あわてて動揺した感じ。「水の音が聞こえるよ。さっきの沢に戻ったほうがいいよ」のところは、友だちとの会話らしく。劇を演じるようなつもりで朗読するのがコツです。

PART 2の回答例を、気持ちを込めて読んでみるのもよい練習になります。話し方がガラッと変化してくるはずです。

「気持ちを込めた話し方」をつくるトレーニング

朗読の練習

以下の文章を、一文一文、気持ちを込めながら読んでみましょう。

> ある日キャンプに出かけたのですが、大変なことが起こりました。
>
> テントを張ったあと、沢に水をくみに出かけたところ、友だちと2人、道に迷ってしまったのです。
>
> 沢ともとの場所との間には森があり、歩いて15分ほどかかるのですが、どうやら帰りの道を間違ってしまったようです。辺りはだんだん暗くなり、携帯はつながらないし、私たちは明かりも持っていません。2時間ぐらい歩いていると、真っ暗になってしまい、本当にどうしようかと心細さに震えていました。
>
> 友だちがライターを持っていたことを思い出し、落ちていた木の枝に火をつけ明かりにしました。「水の音が聞こえるよ。さっきの沢に戻ったほうがいいよ」と友だちが言い、私たちは音を頼りにもう一度沢に出ました。
>
> お腹がすいて仕方ありませんでしたが、持っていたチョコレートを食べ、水を飲んでしのぎました。寒さに耐えながら歩いていると、電波が通じる場所に何とか戻ってきたことがわかりました。
>
> 一緒に来ていた別の友だちに電話をして、やっと見つけてもらったときには、すでに6時間が経っていたのでした。

7

「音声」と「動画」を徹底活用する

スマートフォンを駆使して面接力アップ

PART 3で紹介してきた「第一印象アップのポイント」を短時間で効果的に実践するためには、「音声」と「動画」を徹底的に活用する必要があります。これはWEB面接対策にもなります。

声・話し方・回答内容のチェックは「音声」で

まず、音声です。スマートフォンやPCで簡単に録音できますので、ぜひ活用してください。視覚情報がないぶん、声の調子や話の内容に対して、より集中してチェックできます。

PART 2の質問に対する自分の回答が用意できたら、何も見ずに答える練習をし、録音してみましょう。

▶ 声・話し方・回答内容のチェックポイント

① 早口すぎなかったか。　　　　　　　　　　　　　　　　　　　　□

② はっきりと、滑舌はよかったか。　　　　　　　　　　　　　　　□

③ 気持ちが伝わる話し方はできていたか。　　　　　　　　　　　　□

④ 質問の意図をくんだ答えができていたか。　　　　　　　　　　　□

⑤ 答えの内容に不足はなかったか。　　　　　　　　　　　　　　　□

⑥ 答えは具体的に伝えられているか。　　　　　　　　　　　　　　□

⑦ 長すぎず短すぎず、1分から1分半にまとめられていたか。　　　□

上記の点を確認し、うまくできていないところがあれば、改善できるよう何度も練習しましょう。

印象面のチェックは「動画」で

　動画は「態度」や「姿勢」といった印象面をチェックするのに役立ちます。周囲の人に模擬面接の面接官をお願いし、入室から質問への受け答えまでを録画し練習しましょう。

　WEB面接用の練習をするのもおすすめです。ＰＣを使い、自分がどのように相手に見えるのか、録画して確認しましょう。画面の相手を見るのではなく、カメラに視線を向けましょう。そうすると面接官を見ているように映ります。

　その際に通信状態や、カメラに映った自分に光が十分当たっているかなどといった状況もしっかりチェックしましょう。

● 印象面のチェックポイント

① 入室時に下を向かず、しっかり前を見ているか。　☐

② 笑顔であいさつできているか。　☐

③ はっきりと明るい声が出ているか。　☐

④ お辞儀は丁寧にきちんとできているか。　☐

⑤ 相手の目を見てあいさつしてからお辞儀しているか。　☐

⑥ 話しているときの表情に熱心さが表れているか。　☐

⑦ 相手の目を見ながら話していたか。　☐

⑧ 意欲があるように聞こえるか。　☐

⑨ 丸暗記して言っているように聞こえないか。　☐

　模擬面接をお願いする際には、質問を前もって相手に渡しておき、ランダムに選んで聞いてもらうとよいでしょう。本番に近い練習をすることができます。録画を確認すると「実際に話しているときの自分の表情」を認識でき、改善点を見つけやすくなります。

8

脳科学が教える「自信の作り方」①

　スキルもあり、さまざまな努力もしてきているのに、「それでも面接に自信がないんです……」と言う人がいます。

　いったいなぜなのでしょうか。ここでは**脳のしくみから考える「自信の作り方」**を解説します。

人の記憶は「事実」だけで作られるのではない

　脳の働きには「記憶」が大きく関わっています。人は決して「事実」だけを記憶しているわけではありません。

　たとえば、ここに1つの事実があります。

「6月10日 15時に集団面接をした。面接官は2人だった」

　紛れもない事実です。しかし、同じ集団面接を受けたAさんとBさんの感想は、どうやら違うようです。

Aさん　「面接官の機嫌が悪く怖かったので、うまく話せなかった」
Bさん　「面接官は2人とも静かで落ち着いた感じだったので、質問に集中できた」

　Aさんが抱いた感想も、Bさんが抱いた感想も、決してうそを言っているわけではありません。それなのに、同じ面接官に対しての印象がまるで違います。

　人が何かを見たり、聞いたり、時には触れたり味わったりして感じる

ことは、「事実」そのものではなく、五感を通して「認知」したものに
すぎません。そのため、同じ体験をしても、感じることや記憶すること
は個々に違ってくるのです。

　人間の脳の中には、このような「認知」によって形作られた記憶がど
んどん保存されていきます。「大したことではない」と脳が判断した記
憶はそのうち消去されていきますが、ひどく落ち込んだ、がっかりした
など、感情を伴う記憶は長期的に保存されます。

　人によってさまざまな個性があるのは、このような脳の複雑なしくみ
のためです。

　さて、さきほどの面接の後、AさんとBさんはそれぞれ、どのよう
に考えるようになったでしょうか。

Aさん　「失敗してしまった。私は準備してもうまく話せないんだ」
Bさん　「思ったより集中してできた。準備すればうまくいくんだ」

　そんな2人にまた面接の予定が入ったらどうなるでしょうか。

　Aさんは「準備をしてもうまくいかない」と考え自信が持てず、その
結果「練習しても無駄だ」と投げやりになってしまうかもしれません。

　Bさんは「今度も準備をすればうまくいく」と考え、次の面接に向け
てもしっかりと準備を整えるでしょう。

「思い込み」を変化させる方法

　Aさんのように「自信を持てない人」と、Bさんのように「自信を
持っている人」の違いが出てくるのは、**脳の中に保存されている体験の
記憶が違っていることが大きく影響しています。**

　つまり、自信をなくさせている真の原因は「思い込み」にあるかもし
れないということです。

　それでは、どんどん自信を失わせてしまう「思い込み」は、どのよう
に変えていけばいいのでしょうか。話は次項に続きます。

9

脳科学が教える「自信の作り方」②

・・・

「思い込み」を頭から捨て去る

「リフレーミング」で思い込みを打破しよう

「思い込み」を変えるには、いくつかの方法があります。

　ここでは、代表的な方法である**「リフレーミング」**を使います。質問を使って思い込みを打破する方法です。

①面接について自分に質問をして、「見方」「考え方」をずらす

　ノートを用意し、まずは「面接に対し自信が持てない」と書いてみましょう。そして、次の質問を自分にしてみてください。その答えも書き出しましょう。

□なぜ面接に自信が持てないのでしょうか？
□あなたは生まれてから今まで何回面接を受けたことがありますか？
　就職だけでなく、アルバイトの面接、資格試験や受験の面接など、
　全部入れてOKです。できるだけ多く思い出してみてください。
□今までの面接は、全部ダメだったのでしょうか？
□合格した面接があれば、どうしてうまくいったのでしょう？
□合格したことがあるということは、「いつもうまくいかない」とい
　うわけではないですよね？

　うまくいった経験を思い出せた人は「まあ、ずっとダメだったわけじゃなくて、うまくいったこともあるよね」と見方が変化してきたのではないでしょうか。

中には「アルバイトの面接くらいで緊張するわけないじゃないか」と思った人もいるかもしれませんね。ということは、そのような人は緊張しなければうまくいくわけですから、次のステップとしては緊張が少なくなるように、190ページ以降の準備を行えば大丈夫です。

②「自分が小さい頃に言われたこと」について自分に質問する

「過去の面接を思い出してみたけれど、うまくいったことがない」という人は、小さな子どもの頃など、もっと前に失敗して親や先生など大人の人に怒られたことはないか、思い出してみましょう。

　人は子どもの頃に大人から注意された記憶を脳に保存しており、努力しようとしても「それをしたらダメ」と無意識のうちに脳が歯止めをかけて、行動を抑制することがあります。あなたが思ったように行動するために、この思い込みを変化させていきましょう。

「私はいつもダメ」「私は話してはいけない」「ぼくはできない子」など、小さい頃に言われた否定的な言葉や思い込みを1つ思い出して、書いてみましょう。次に、以下の質問を自分にしてみてください。その答えも書いていきましょう。

□その言葉と違う結果になったことは今まで一度もないでしょうか？
□その言葉は、いつも、どんなときでも正しいですか？
□高校まで卒業できて、大学の単位も取得してきたように、あなたはたくさんの成功体験を持っています。それを考えたとき、あなたの思い込みは真実だと思いますか？
□あなたは今後もその言葉通りの人生を送っていきたいですか？

　今、学生生活を送っていて就活中だということは、**どんな人でも、何かしら成功したことがあるはず**です。②の質問を通して、「子どもの頃に言われたことは、今はもう当てはまらないのだ」「自分は自信を持っていいんだ」ということに気づくことができるでしょう。

10

面接直前、これだけやっておこう！

緊張を解きほぐす4つの方法

　いよいよ面接本番！　「これをやっておけばリラックスするし、自信を持って臨める」というお役立ちの方法を、4つお伝えします。

①前日の夜、大笑いするようなテレビ番組や映画を観る

「笑い」は、リラックスして元気を出すのに最適なものです。面接前日は、頭を一度空っぽにして元気を出すため、面白いお笑い番組などを見ると効果的です。涙が出るほど笑えるものを用意しておきましょう。

　大笑いしているときに、自分の左の手首を右手でギューッと握ってみましょう。これは「たくさん笑って楽しい！」という感情を体に覚えてもらうための刺激です（心理学的に「アンカリング」といいます）。翌日、面接の前に同じ強さで同じ場所を右手でギューッと握ってみてください。大笑いした楽しい感情がよみがえってくるはず。その幸せな感情を、面接の場にも持っていきましょう。

②元気になれる曲を何度も聞く、歌う

　今までに大変だったとき、この曲を聞くとやる気が出た、元気になった、励まされた、という曲があったのではないでしょうか。**「1曲選ぶとしたらこれ！」というものを決めておきましょう。**そして、毎日その曲を聞くのです。朝起きてすぐでもよいですし、電車の中ででもOKです。1日1回は聞いて、モチベーションを高めましょう。

　体の状態とやる気はつながっています。聞きながら声に出して歌ったり、体を動かしてダンスしたりするのもお勧めです。何も聞いていなくても、自分の頭の中でその曲が鳴っているような状態を作り出すのもよ

いですね。

　そしてもちろん、面接当日の朝も、その曲を聞いてから面接に行きましょう。

③ポジティブな感情が鮮明に思い出される写真を見る

「この写真を見ると、楽しかった部活動の感動が思い出される」「彼氏・彼女との写真を見ると励まされる」など、ポジティブな感情が鮮やかに思い出される写真はありませんか？　もちろん、かわいがっているペットの写真でもOKです。

　その写真を見るたびに、自分でも「大丈夫、リラックスしてる、できる、安心して！」などの勇気づけのメッセージをつぶやくと、さらに効果が高まります。**お気に入りの写真から1枚を選び、いつでも見られるように、スマートフォンに入れて持ち歩きましょう。**

④面接の2日前には、40〜42度のお風呂に20分つかる

　この入浴方法は、ヒートショックプロテイン（HSP）という傷んだ細胞を修復する働きを持つたんぱく質を増やすために行います。

　HSPが増加すると、**免疫細胞の働きが促進され、体が元気になります**。HSPは、この入浴を行った日から1週間、体内に蓄積され、ピークは入浴後2日目といわれています。

　つまり、面接当日に体を元気に、モチベーションを高く保ったまま臨めるようにするために、2日前にこの方法で入浴しておくとよいのです。
　ポイントは、次の通りです。

● **脱水症状にならないように入浴前に水をたくさん飲む。**

● **入浴後に体温が平熱より1.5度高い温度に上昇するように20分ほど湯船に入る。ただし、お湯の温度は42度を限度にすること。**

　　※10分で体温は平均1度上がります。10分ごとに舌の下に体温計を入れて計りましょう。

● **入浴後は体を冷やさない、また温めすぎない。**

● **この方法での入浴は毎日続けない。2〜3日に1回にする。**

11

就活でよくある質問　Q＆A ①

ここまで読んでもまだ不安な人のために

Q：オンラインの授業が多く、あまり対面の活動をしていません。「力を入れたこと」のエピソードがないのですが、どうすればよいでしょうか?

A：オンライン上の活動も含めて伝えては?

　社会の環境の変化でオンラインでの活動が増えていることは企業側も理解しています。企業の仕事の中でも打ち合わせや商談をオンラインで行うことが多くなっています。対面の活動にこだわらず、自分が興味を持って努力したことをできるだけ探しましょう。勉強のことでもよいと思います。ほかの人との取り組みが少ないことが気になる人は、今からでもアルバイトや趣味の活動などを行ってみることもおすすめです。

Q：リーダー経験があまりないのですが、就職には不利でしょうか?

A：人に教えた経験を探してみては?

　必ずしも「不利」ということはありません。企業の社員として働いていく中では、集団をまとめたり、自分よりも年下の人に働きかけたりする仕事が出てきます。その意欲や心構えがあるか、採用側としては知りたいと考えているのでしょう。

　あなたの経験の中で、人に何かを教えたことはありませんか?　大勢の人に対してではなくても構わないので、そういう体験も面接で伝えるようにしていくとよいですね。

Q：転勤はできればしたくないのですが、どう答えればいいでしょうか？

A：地域限定職か、転勤があまりないと考えられる企業を選んでは？

　大手企業の総合職の場合、やはり転勤は考えられます。希望を伝えることはできますが、かなうとは限りません。転勤がある企業に総合職で入りたい場合には「人生の中でそういう時期もある」と、覚悟を決めることも必要になってくるでしょう。

　ただ、現在、多くの企業に「地域限定職」という一定の地域内でしか異動がない働き方ができています。本当に転居を伴う転勤をしたくないのであれば、そういった職種に応募することも考えてみてはどうでしょうか。地域限定職と総合職は、働くうちに変更ができるところも多くあります。いったんは総合職を選択しても、キャリアを途中で変えることもできるのだと認識しておきましょう。

　また、中には基本的に1つの場所に配属されることが多い企業やリモートワークが主な企業もあります。その企業に入社した学校の先輩の情報などを調べて応募していくのはいかがでしょうか。

Q：就活を始めるのが遅かったのですが、今からでも間に合うでしょうか？ 同級生は内定をもらっている人も多くいます。どうすればいいでしょう？

A：今からでも間に合います！

　どんな業種や企業に応募したいと考えているのかにもよりますが、「就職をするのに間に合うのか」ということなら、大丈夫です。今からどんどん行動していけば間に合います。大手企業ですでにエントリーを締め切っているところはあるかもしれませんが、すべての企業がそうではありません。就職サイトやハローワークでまだ説明会に申し込める企業、エントリーできる企業を探しましょう。複数あるはずなので、その中から自分の興味ある業種や企業を探し、準備していきましょう。また、ぜひ「自分は自分」と思うようにしましょう。人は人のペースで就活を進めているはず。あなたは、あなたのやりたいことや興味が持てる企業を見つけていけばよいのです。

12

就活でよくある質問　Ｑ＆Ａ ②

このページで心配事を払拭！

Ｑ：公務員試験受験を考えています。民間の企業との併願が不安なのですが……。

Ａ：まずは１社の内定を確保するか、公務員試験に全力を注ぐか決めましょう。

　公務員試験は、しっかりと筆記の勉強をすることが必要ですので、民間企業の就活に時間を割くことが難しいと悩む人は多いですね。

　あなたが不安なのは、公務員試験までに内定が１つももらえなかったら、と恐れているからでしょうか。その不安を払拭するには２つの方法が有効です。１つは、民間の企業も受けて１社は内定を得られるようにすること。もう１つは、公務員試験の勉強に全力を注いで、そのことにできるだけ注力することです。民間企業を受けるのであれば、お勧めの方法には、業種も応募数も絞って10社以内の民間企業を受ける計画を立てるというものがあります。もしも第一志望の公務員に受からなかった場合、どの業界・企業に行きたいと考えていますか？　できれば中堅どころの、仕事内容に興味が持てる、早めに面接の動きがある企業を数社選んでみましょう。同業界であれば、志望動機を考えるのにそこまで時間がかからないはずです。

　勉強に全力を注ぐ場合は、独学ではなく受験講座に通うなど、ほかの人に教えてもらったり、友だちとグループで協力し合ったりすることも考えてみてください。自分だけで準備を行うよりも視野が広がり、得られるものが増えるはずです。

Q：ほかの人と自分を比べて、凹んでしまいます。なかなか自分のよいところが見つけられません。

A：キャリアコンサルタントに会ってみては？

　気持ちはよくわかります。自分では自分のよい点を見つけにくいものですよね。友だちに協力してもらい、自分のよいところについて話を聞くのも1つの方法ですし、学校のキャリアコンサルタントに会ってみるのもよいでしょう。率直に「自分のよい点がなかなか見つからないから一緒に探してほしい」と相談するのです。そうすると、適性検査やいろいろな質問を使ってあなたの今までの行動を整理し、あなたの特徴を言葉にすることを手伝ってくれるはずです。

　大切なことは、ほかの人が言ってくれたあなたの長所、よいところをその通り受け止め、素直に信じることです。他人から見たあなたもまた、1つのあなたの特徴なのです。もっと自分を信じて、自分を認めるようにしてみてください。

Q：内定をもらった企業について親に反対されて困っています。どうすればよいでしょうか？

A：ご両親の不安解消に全力を尽くしましょう！

　ご両親は、なぜ反対しているのでしょうか。まず、その点を整理してみましょう。事業内容について、待遇について、または、会社の知名度についてでしょうか。あなたが本当に入社したい企業ならば、ご両親が不安に思っている点について、真摯に説明し、納得してもらえるように誠意を尽くしましょう。難しい場合は、兄や姉、親戚などに協力してもらったり、内定先の人事の方に説明をお願いしたりする方法もあります。

　一生懸命説得すれば、熱意が伝わる可能性が高くなるはずですが、世代が違うと価値観も異なる場合があります。どうしても難しい場合は、説得が長期戦になってでもその企業で仕事をしたいと思うかどうか自分によく問いかけてみてください。一番大切なのは、「あなたが何をしたいのか」です。

13

就活でよくある質問　Q & A ③

転職者の面接のポイントをまとめてチェック！

Q：転職の面接です。社会人として仕事をした期間がまだ1年未満と短いため、成果や身につけたスキルでアピールするものがありません。どうすればよいでしょうか。

A：面接に呼ばれているので関心を持ってもらえています。社会人に必須な基本のスキルの経験があることをまず伝えましょう。

　1年未満で就職した企業を退職し、転職しようと決意したのですね。仕事の経験が3年以上など、次に活用できるスキルを培ってきた人たちと違ってできることが少ないと悩んでいるのだと思います。

　応募した仕事で求められている内容にもよりますが、あなたを面接に呼んでいるということは、採用側が、まだ経験の少ない第二新卒と言われるあなたのキャリアも含めて、書類から推測される人となりやポテンシャルに関心を持っているということです。1年未満の仕事の経験の中で、新人研修なども含め、努力してきたこと、頑張ってトライしてきたことを思い出し、伝えられるように準備しましょう。

　新卒に近い若手で、社会人経験はあり、基本的なあいさつの仕方、対応の仕方、報告連絡相談などのコミュニケーションの取り方をしっかりと理解できている人を採用したい企業は数多くあります。短期間の経験でも、基本的な内容でも、取り組んできたことを具体的に整理し説明できるようにするとよいでしょう。

Q：転職の面接です。退職理由が体調を崩したためですが、どのように伝えればよいでしょうか。

A：現在は回復し仕事に支障はないことを伝えるか、複数ある理由の別のものを伝えるか、考えてみては？

　転職活動をしている現在は、体調は回復しているのでしょうか？面接に合格し新たな仕事を始めたときに、支障なくしっかりと業務に取り組めるかどうかによって、新しい会社に就職する適切な時期なのかどうかも変わってくると思います。「休んだので今はもう元気です」ということなら、「前職で忙しすぎたために体調を崩し、休養していたが、いまは回復し元気になった」ということを伝えてはいかがでしょうか。まだ仕事に復帰するのが不安だということなら、もう少しゆっくりし、活動に時間を置くことも考えてみてください。

　退職の理由が体調不良だけでなく、いくつかある場合は面接の前にもっと掘り下げ、整理しておきましょう。「上司に厳しく怒られたこと」「自分がどうしてもやりたいと思うことがほかにあったこと」「残業が多く、心身が疲れてしまいこのまま続けられないと思ったこと」「もっと自身の成果に対して収入が連動するような仕事がよいと思ったこと」など、複数あるかもしれません。

　応募する企業でやりたいこと、成し遂げられることが見つかった場合は、そちらを主に説明するとよいでしょう。以前の就活や就職した会社での失敗、反省点を率直に伝え、意識が変わったことをアピールするのも１つの方法です。PART 2の「転職の理由」についての質問編も参考にしてみてくださいね。応援しています！

渡部　幸（わたべ　みゆき）

合同会社アクトクリア代表。キャリアコンサルタント（国家資格）、全米NLP協会認定トレーナー、産業カウンセラー、NLPプロフェッショナルコーチ。青山学院大学国際政治経済学部国際政治学科卒業。株式会社和光、株式会社ECC外語部門営業統括マネージャーを経験後、タルボットジャパン株式会社にて人事総務部門人材開発責任者として社内全体の能力開発体系を構築。アクトクリア代表として独立後は、キャリアコンサルタントとして、ひとりひとりにフォーカスし、生き生きと仕事をする人を増やす支援を行ってきた。心理学を用いたメンタルアップの方法や豊富な企業経験をもとに、複数の大学や大手就職サイトの合同説明会、公共就職支援機関などでキャリア開発、就職・転職支援のセミナー、個別面談、エントリーシート・履歴書添削等を行い、のべ6万人を支援。毎年大学1〜3年生向けのボランティア講座も行っている。採用側の視点を用いた就職成功力には定評があり、クライアントや同業のコンサルタントからも高く評価されている。主な著書に『1週間で面接に自信がつく本』（ナツメ社）、『わが子が就活を始めるときに読む本』（KADOKAWA）等がある。

ホームページ　https://actclear.net

改訂版　採用側の本音を知れば就職面接は9割成功する

2023年9月1日　初版発行
2024年11月30日　再版発行

著者／渡部　幸

発行者／山下　直久

発行／株式会社KADOKAWA
〒102-8177　東京都千代田区富士見2-13-3
電話　0570-002-301（ナビダイヤル）

印刷所／TOPPANクロレ株式会社

製本所／TOPPANクロレ株式会社